I0407541

# LAS DOS AMÉRICAS

## DEMOCRACIA Y DICTADURA

# LAS DOS AMÉRICAS

## DEMOCRACIA Y DICTADURA

### *CARLOS SÁNCHEZ BERZAÍN*

Fondo Editorial Interamerican Institute for Democracy

Fondo Editorial
Interamercan Institute for Democracy
2100 Coral Way. Ste. 500
Miami, FL 33145
U.S.A.
Tel: (786) 409-4554
Fax: (786) 409-4576
www.intdemocratic.org
iid@intdemocratic.org

*A todas las victimas de las dictaduras del socialismo del siglo XXI: Mujeres, hombres, niños, familias y pueblos perseguidos, presos y exiliados politicos de Cuba, Venezuela, Bolivia, Ecuador y Nicaragua, oprimidos en la América dictatorial que debemos liberar.*

# Índice

## Introducción: Las dos Américas

El continente americano, el segundo mas grande de la tierra, ha merecido a lo largo de la historia diversas divisiones de carácter geográfico, cultural y económico. América del Norte, Centro América, las Antillas y Sur América es la división geográfica mas conocida; la América Anglosajona y Latinoamérica es la división cultural mas aceptada; la América desarrollada y la en vías de desarrollo permitió distinguir diferencias económicas. Pero de manera absolutamente imprevista e indeseable, en el siglo XXI se ha presentado una división que ha trasladado las diferencias al plano de las libertades fundamentales del ser humano, en un retroceso histórico que poniendo como eje de confrontación la existencia o ausencia de democracia, muestra que lamentablemente existe una América con democracia o democrática y una América sin democracia o dictatorial.

De eso trata "Las dos Américas: Democracia y dictadura", de marcar las diferencias entre la previsibilidad y estabilidad que otorga la democracia y la inestabilidad e inseguridad que caracterizan a los regímenes no democráticos.

Se demuestra con temas puntuales la existencia de una América dictatorial que para 1999 estaba reducida a Cuba, pero que para 2016 y bajo el control e influencia directos de esa dictadura, ha incorporado e incluye a Venezuela, Ecuador, Bolivia y Nicaragua, que actúa en la desestabilización, crisis y deterioro de otras democracias de la región como Argentina y Brasil, en paralización y la casi destrucción del sistema democrático interamericano de la Organización de Estados Americanos (OEA).

La democracia es una forma de organización y de vida en la que cuanto menos: se respetan los derechos humanos y las libertades fundamentales; rige el "estado de derecho" entendido simplemente como la vigencia de la ley sin que individuo alguno pueda ponerse por encima de ella; existe la división e independencia de los órganos del poder público como esencial para el control de la autoridad; donde el poder es temporal con tiempos fijos preestablecidos para su ejercicio y sujeto a rendición de cuentas; la organización política es un derecho y su ejercicio es libre; existe libertad de expresión y de prensa; se celebran elecciones libres, transparentes y periódicas fundadas en el voto universal y secreto como expresión de que la soberanía radica en el pueblo.

En contraposición, la dictadura en las Américas del siglo XXI es "una forma de gobierno en que el poder se concentra en torno a un individuo o grupo", no existe estado de derecho, no hay división ni independencia de los poderes públicos, el tiempo de ejercicio del poder es ilimitado y manipulado a conveniencia del dictador, el gobernante es la ley y se vale de formalismos legales para abusar y oprimir por medio de "leyes infames"[1], no existe libertad ni de expresión ni de prensa, y las elecciones se han convertido en un mecanismo de burla de la voluntad popular solo para simular formalmente un proceso votación sin transparencia y sin libertad a favor del dictador. Además las dictaduras utilizan al poder judicial -que en democracia es garantía de libertad- para perseguir a los ciudadanos, dando lugar a la existencia de perseguidos, presos y exiliados políticos.

El ex Presidente de Ecuador Osvaldo Hurtado describió como en el siglo XXI "sin que se proclamaran dictaduras y se dieran golpes de estado de factura militar es lo que han hecho los mandatarios de los llamados países bolivarianos, a través de la utilización malicio-

---

1. Sanchez Berzain, Carlos. "Las Leyes Infames". Diario Las Américas 11 de Noviembre 2015.  Anexo 1

sa de las instituciones democráticas….accedieron al poder median-te el voto de los ciudadanos, pero una vez instalados en el gobier-no se las arreglaron para, a través de disimulados y sucesivos mini golpes de estado, desconocer el orden jurídico bajo el cual fueron elegidos y conformar un sistema político contrario a los principios democráticos".[2]

Hay dos Américas y están naturalmente confrontadas porque la dictatorial agrede permanentemente a la democrática. Es desde los países que conforman las hoy denominadas dictaduras del socialis-mo del siglo XXI (SSXXI) que se ataca a las democracias de la re-gión y a su estabilidad. Las dictaduras están auto proclamadas anti imperialistas, su organización es centralista, autoritaria, estatista y violadora de la iniciativa y la propiedad privadas.

Desde Cuba, Venezuela, Ecuador, Bolivia y Nicaragua y su exten-dida red, producen las agresiones de narcotráfico, terrorismo y pre-sión para migraciones forzadas dirigidas contra los Estados Unidos y el resto de estados de la democracia. En 2016 no ha quedado duda de la naturaleza de narco estados a la que han llevado sus dictadores a países como Venezuela y Bolivia.

Los países democráticos son mas, pero no actúan ni se defienden así porque por medio de la presión del petróleo venezolano con Pe-trocaribe y con la política de la amenaza castrista, sin tomar gobier-nos han dominado y controlado su política exterior y sus votos en los organismos internacionales, llegando a inmovilizar la OEA en asuntos de democracia y derechos humanos, y formar un grupo de poder en la Organización de Naciones Unidas (ONU) donde, por ejemplo el dictador de Cuba es reconocido como "presidente".

Las dictaduras del SSXXI tienen capacidad económica de opera-ción política ilimitada porque no rinden cuentas a nadie y una de sus

---

2. Hurtado, Osvaldo. "Dictaduras del siglo XXI" El caso Ecuatoriano. Pag. 10. Paradiso Editores 2012 Quito Ecuador.

características esenciales es la corrupción. Controlan la totalidad de redes de medios y prensa en sus países, tienen contratados servicios de relaciones públicas de agencias y personalidades internacionales de alto costo, poseen lobbies, auspician films y documentales, sostienen indirectamente organizaciones de diversos objetivos y cuando no pueden seducir son lo suficientemente amenazantes para neutralizar. En cambio las democracias parecen dispuestas a ser complacientes y tolerantes a cambio de cuidar la permanente amenaza del "asesinato de la reputación" de sus líderes por parte de los operadores del SSXXI.

Todo eso y mas en este libro que contiene opiniones, columnas de prensa y ensayos del año 2016 sobre temas incómodos pero de lacerante realidad. Cada tema es un ensayo breve presentado en forma de artículo o columna de prensa. Cada caso es una acción militante en defensa de la libertad y la democracia. Son denuncias, reflexiones, acusaciones y defensas fundadas en principios y valores. Son fotografías de instantes de disputa entre las dos Américas, entre la democrática y la dictatorial, entre la que está para quedarse con libertad y la que agoniza en crisis pero no acaba de partir.

*Diciembre 2016*

# DEMOCRACIA

# Derrotas de las dictaduras en el 2016 señalan su final

Termina el año 2016 y el principal eje de confrontación en las Américas se da entre la democracia y las dictaduras del socialismo del siglo XXI (SSXXI), en un permanente choque entre la libertad y la opresión, entre el estado de derecho y el atropello, entre la justicia y la manipulación, entre la libertad de prensa y la censura, entre la previsibilidad y la incertidumbre, entre la seguridad y la corrupción más el narcotráfico, entre la transparencia y la mentira. La agenda de democracia del 2016 ha logrado importantes triunfos que marcan continuas derrotas de las dictaduras puestas en evidencia y señalan su inevitable final.

Para la dictadura cubana, el 2016 marca decadencia y retorno a las sombras del "periodo especial" de los noventa. La normalización de relaciones con Estados Unidos, en su punto más alto con la visita del Presidente Obama, pudo ser una gran oportunidad, pero se convirtió en la constatación de un sistema violador de los derechos humanos, de un régimen despreciable. La apertura muestra que Cuba es el feudo de una dirigencia comunista dueña de vidas y haciendas, que ha convertido a sus ciudadanos en vasallos y a su territorio en una cárcel.

La crisis de Venezuela trajo consigo la disminución del volumen de petróleo que beneficiaba a la dictadura castrista, la crisis de corrupción en el Brasil paralizó inversiones a favor en la Isla, el triunfo del "no" en el referéndum sobre la paz con las FARC en Colombia puso en evidencia el doble papel de simulación del castrismo, y finalmente, murió Fidel Castro, dando lugar a un forzado show que contó con el masivo desaire de los jefes de estado del mundo, mostrando el legado de miseria y crimen. La dictadura ha entrado en fase terminal.

Venezuela empezó con la Asamblea en mayoría absoluta de oposición y la dictadura dedicó todo el año a mantenerse en el poder a como dé lugar, en medio de una crisis humanitaria y una hiperinflación que solo controla con la fuerza y la metodología castrista del miedo. El informe Almagro sobre Venezuela en la OEA y la votación para considerar el mismo que permitió la activación de la Carta Democrática Interamericana por primera vez desde su suscripción, son hitos históricos que señalan la debacle del socialismo del siglo XXI y establecen a Nicolás Maduro como dictador.

El 2016, Venezuela y Cuba perdieron la manipulación ostentosa del Petrocaribe y de otros países en el ámbito internacional, al punto de suspenderse a Venezuela del Mercosur y negarle la presidencia de la entidad. El régimen ha quedado reafirmado como gestor del narco estado en que ha convertido al país. Los presos políticos venezolanos son un estigma mundial y si bien es cierto que Maduro ha evitado el referéndum revocatorio y burlado al pueblo, dejando maltrecha a la oposición con un diálogo tramposo, los mediadores son vistos como parcializados y es evidente que el dictador no puede resistir mucho más. Es una dictadura en agonía.

Rafael Correa en Ecuador ha merecido masivas expresiones de repudio, acosado por múltiples casos de corrupción, derrotado en tribunales internacionales por atropellos cometidos, señalado por el Comité de Derechos Humanos de la ONU por violaciones al debido proceso legal, enemigo de sectores populares e indígenas que lo apoyaron en el pasado, verdugo de la prensa libre, ha llevado a su país a una crisis solo sostenida por la dolarización. La aprobación de Correa se ha desplomado hasta resultar imposible su re postulación para las elecciones del 19 de febrero de 2017 a las que concurre con un candidato títere que, eventualmente, será derrotado en la segunda vuelta, o quien de llegar al poder no podrá concluir su mandato. El 2016 ha sido el año que ha marcado la ingobernabilidad y la inviabilidad del proyecto del SSXXI en Ecuador. Se trata de un dictador en retirada con terror a rendir cuentas.

A Evo Morales Bolivia le dijo "no" en el referéndum del 21 de febrero, derrotándolo pese al masivo fraude. Esto impide su permanencia indefinida y aunque manipula para quedarse, lo único que hace es acelerar su salida apresurada del poder. El 2016 ha marcado a Morales con corrupción, narcotráfico, incapacidad, destrozo institucional, enajenación del patrimonio nacional, deuda externa e interna indeterminadas, sometimiento al castrismo y a los negocios con China, persecuciones políticas judicializadas, crisis económica, impunidad y ausencia de estado de derecho. Pese al control de medios y atropellos contra la prensa su impopularidad crece y sus problemas aumentan. Es un dictador en crisis.

Regionalmente, el caso "lava jato" en Brasil, de corrupción transnacional con Odebrecht y otras empresas, ha mostrado el sistema de corruptela montado por Lula da Silva, ha producido la destitución de Dilma Rousseff y presenta a las dictaduras del SSXXI como una organización criminal. La apurada y forzada paz del presidente Santos con las FARC en Colombia solo ha dejado un pueblo colombiano dividido y confrontado, con un tema más conflictivo que en el corto plazo será una derrota para el receptor de un Premio Nobel deslucido y sostenido por la publicidad oficialista. La firmeza de principios del presidente Macri de Argentina, la derrota del SSXXI en Perú, el desmarque del gobierno de Chile, la manipulación grotesca del proceso electoral por Ortega en Nicaragua que lo ha llevado a superar al dictador Somoza, no son datos menores.

El triunfo electoral de Donald Trump y su próxima toma de posesión como Presidente, es motivo de preocupación para los debilitados regímenes orgullosamente auto proclamados anti imperialistas, más cuando es en sus territorios en los que se originan y sostienen las principales amenazas regionales contra los Estados Unidos en materia de narcotráfico, terrorismo y migración forzada. El lector puede agregar muchos más hechos notorios de las derrotas de las dictaduras del SSXXI en el año 2016, que señalan un final muy próximo.

*25 de diciembre de 2016*

## ¿Sucesión o transición?

*Muerto el dictador, el elemento cohesionador del régimen, la nomenclatura comunista y el pueblo cubano deben elegir entre la continuidad o el cambio hacia la democracia. En el horizonte está la Asamblea Nacional prevista para 2018, en la que se puede perpetuar el sistema castrista*

La muerte de Fidel Castro marca la crisis definitiva del sistema dictatorial que controla Cuba. En un sistema esencialmente personalista que gira en torno al dictador, mientras éste respira es el centro del poder y aunque hace diez años Fidel pasó formalmente la dirección a su hermano Raúl, continuó siendo el poder real, porque él era el jefe de la revolución, el personaje internacional, el símbolo, el dueño y la encarnación de la dictadura. En un régimen totalitario esas características y condiciones no se transfieren, permanecen hasta que mueren con el personaje y esto acaba de suceder. Después de Fidel Castro, la nomenclatura castrista y el pueblo cubano se enfrentan a la alternativa entre sucesión o transición.

Sucesión es el reemplazo, la simple «sustitución de alguien en un lugar o en el desempeño de una función», es también la «recepción de bienes de otra persona como heredero o legatario». Transición es cambio, es la «acción y efecto de pasar de un modo de ser o estar a otro distinto». Lo que Cuba vivió desde el 31 de julio de 2006 con el denominado «traspaso de poder» no ha sido una transición porque nada cambió. Continuó el ejercicio puro y duro de la dictadura con las violaciones de derechos humanos, la falta de libertades, la ausencia de prensa libre, el control totalitario, presos, exiliados, estatismo centralista, miseria, adoctrinamiento, el discurso antiimperialista… y Fidel fue siempre el poder real.

En los últimos diez años Cuba pasó por una sucesión parcial, una suerte de mandato, porque Raúl Castro tomó el gobierno con funciones casi de un primer ministro bajo la sombra del Jefe, del dictador omnipresente que sostuvo silenciosa pero firmemente toda la nomenclatura. La dictadura cubana es la dictadura de Fidel desde el 1 de enero de 1959 hasta el 25 de noviembre de 2016. Los diez años con Raúl al frente son sólo eso, un tiempo de gobierno por encargo del dictador, del hermano mayor, dueño del poder mientras respiró.

Cuando Raúl tomó el gobierno en 2006 lo hizo con la «autorización» de «seguir consultando a su hermano Fidel las decisiones de especial trascendencia». Cuando el 24 de febrero de 2013 un Raúl de 81 años —sentado a lado de Fidel— anunció que dejaría el poder en cinco años, esto es en 2018, lo hizo en el marco de la simulación de institucionalidad que fraguó Fidel para perpetuar la dictadura. Una reunión de partido único totalmente digitada que denominan Asamblea Nacional, que «reelige» como «presidente» al hermano de un dictador que no puede administrar por vejez y enfermedad. Simular cambio para que nada cambie.

Ahora con la muerte del dictador, faltando 15 meses para el anunciado retiro de Raúl como encargado de Fidel Castro, la situación ha cambiado, es muy diferente porque el poder político de la dictadura ha muerto con el dictador, ha desaparecido el elemento esencial de cohesión del régimen. Raúl ya no tiene la figura del poder que lo proteja, ha fallecido el mandante y eso es muy grave en la lucha interna de la sucesión castrista y peligrosa en la posibilidad de transición.

En el escenario de sucesión que supone la continuidad del sistema de opresión, la disputa está abierta entre las viejas y las nuevas generaciones de la élite castrista; también está abierta entre los miembros de las familias Castro (hijos, sobrinos, nietos, yernos) y los que simplemente no son familia. Se trata del reacomodo de los miembros del sistema en los espacios del gobierno, de los privilegios y de la corrupción. Es la lucha para tener más poder en dictadura sin dictador, y nada garantiza que Raúl, sus familiares y entorno se impongan.

La transición tiene sólo un camino y es el de la libertad y la democracia, la sustitución del régimen dictatorial por el respeto a la soberanía del pueblo. En este escenario Raúl tiene aún la posibilidad de usar el poder, que no le durará mucho, para ser el hombre del cambio, «ser el Gorbachov de Cuba», el reformista, el último castrista, el que abra el país a la democracia. ¿Quiere y puede Raúl Castro pasar de ser el heredero del dictador a ser el líder de la libertad? ¿Tomará la oportunidad que le brinda la historia de pasar de verdugo a libertador? ¿Podrá pasar de ser el hermano menor del dictador muerto a ser el personaje respetado que restituya los derechos fundamentales?

*La Razón, España , 26 de Noviembre 2016*

# El postcastrismo

*La revolución cubana está derrotada por la historia hace ya mucho tiempo por su inviabilidad, pero ha debido esperar la muerte física de Fidel Castro para enterrar el castrismo*

La muerte del dictador Fidel Castro marca el punto final de la denominada revolución cubana —un mito— que ha sido en realidad una dictadura cruel, caracterizada por la violación de los derechos humanos, fusilamientos, presos políticos, exilio, crímenes de estado, opresión, intervencionismo, la corrupción, la imposición de lo absurdo, la miseria, la mentira como política de estado y el fracaso. La revolución cubana está derrotada por la historia hace ya mucho tiempo por su inviabilidad, pero ha debido esperar la muerte física de Fidel Castro para enterrar el castrismo. Las dictaduras se extinguen con la desaparición del dictador y esta es la principal consecuencia de la muerte de Fidel Castro. Ha muerto el símbolo del oprobio y empieza la recuperación de la libertad y la democracia del pueblo cubano, ha comenzado el post castrismo.

El castrismo fue una forma de comunismo personalista y totalitario acomodado a la conveniencia de su creador. Se trata de la falsa doctrina del régimen de un solo hombre con la que por casi 58 años se ha oprimido al pueblo cubano, extendiendo la ignominia con la agresión a otros pueblos del mundo, especialmente en América Latina. Se utiliza para la denominación de una tiranía mitificada en la idealización de una quimera que resultó en crímenes de lesa humanidad —narcotráfico incluido— que no pueden quedar en el olvido. La muerte del dictador no puede representar su impunidad en la historia.

Forzado por la vejez y las enfermedades Fidel Castro puso en marcha un simulado proceso de transición que en verdad resultó una "sucesión dictatorial". El mando formal pasó de Fidel a su hermano Raúl como si de una monarquía absolutista se tratara, pero el poder del dictador siempre estuvo omnipresente y vigente, Raúl gobernó hasta hoy a la sombra de Fidel. Ahora ya no está. La desaparición física de Fidel marca la orfandad absoluta del sucesor y su aparato familiar, el dictador ha dejado huérfano a su protegido y los efectos serán rápidos y devastadores para el régimen. Muerto el dictador, con él muere el castrismo y la dictadura acelera su agonía, es solo cuestión de tiempo.

Fidel Castro muere en medio de la agonía del sistema totalitario que creó a costa de la opresión y el hambre del pueblo cubano. El legado de Fidel está marcado por haber convertido a Cuba en una cárcel, haber dividido al pueblo cubano, generado el exilio mas grande de la región, tener el record de fusilamientos y asesinatos políticos dentro y fuera del territorio cubano, haber intervenido violentamente el mayor número de países, haber promovido y sostenido guerrillas y matanzas, desestabilizado y derrocado gobiernos, traicionado el objeto de la revolución en su país y ser el responsable de la desaparición, el exilio o el asesinato de sus líderes y compatriotas. Castro ha castrado generaciones de cubanos y latinoamericanos sometiéndolos al dogma de su imagen, del partido único y de la despersonalización a cambio de la simple sobrevivencia.

América Latina es aún víctima de la ultima aventura castrista con el denominado socialismo del siglo XXI nacido de la necesidad de apoyo político de Hugo Chávez que a partir de 1999 entregó a Fidel Castro los recursos, la soberanía y la economía de Venezuela, con las que el dictador emprendió un nuevo ataque contra la libertad en la región y pudo lograr en parte —luego de la guerra fría— su fracasado proyecto foquista. La consecuencia son las dictaduras del socialismo del siglo XXI con los gobiernos castristas de Venezuela, Ecuador, Bolivia y Nicaragua, cuyos jefes de estado han de ver en la desaparición del dictador la señal de su propio y pronto final político en la repetición que hacen del oprobio dictatorial contra sus nacionales. La herencia, el legado del castrismo es esos países son la repetición de los logros de Fidel Castro en Cuba: los presos políticos, los exiliados, las masacres, el hambre, la crisis, la confrontación y la destrucción de las naciones.

Castrismo es sinónimo de crimen, de delitos, de acciones reprochables, de suplantaciones y de mitos. A costa de la vida, la libertad y la economía de los pueblos de Cuba, Venezuela, Ecuador, Bolivia, Nicaragua, Argentina, Brasil y otros, Fidel Castro construyó el "mito" del revolucionario antiimperialista, del luchador por la libertad de los pueblos, cuando en realidad solo se trató de un criminal cruel e inescrupuloso dispuesto a todo para mantenerse en el poder (¿habrá crimen que no cometió?). El castrismo es el marco, el envoltorio y el relato para encubrir esos crímenes, es el sofisma, el argumento falso con apariencia de verdad que Fidel se lleva con él.

El post castrismo es la libertad, la democracia, la restitución de la igualdad, el retorno de las oportunidades, la ruptura de las cadenas de la dictadura que el pueblo cubano ya empieza a ejecutar en la misma Cuba. Ya no hay Fidel, ya no hay mito, ya no hay miedo, no hay dictadura…

*26 de noviembre de 2016*

## Medios, prensa, información, opinión, proselitismo

*Cuando los medios de comunicación utilizando la información y la opinión, se incorporan como parte de campañas proselitistas por justas o importantes que estas parezcan, corren el riesgo de ser derrotados*

La credibilidad y la confianza en los medios de comunicación, y con ellos la de la prensa, no han quedado muy bien como consecuencia de los procesos políticos y resultados del Brexit, el referéndum colombiano sobre la paz y las elecciones presidenciales de los Estados Unidos. No es solamente un tema de encuestas o previsiones, se trata de que muchos de los medios de comunicación y la prensa que se expresa por medio de ellos, pasaron del papel de información y opinión a un rol de proselitismo abierto, encubierto o militante que la gente percibió con claridad. Cuando los medios de comunicación utilizando la información y la opinión, se incorporan como parte de campañas proselitistas por justas o importantes que estas parezcan, corren el riesgo de ser derrotados junto con el candidato, producto o posición que eligieron, con grave daño a su imagen y al papel que les corresponde en democracia.

Hay una importante diferencia entre "medio de comunicación" y "prensa". Los medios de comunicación los instrumentos y la prensa parte de su contenido. Medios de comunicación "son instrumentos tecnológicos, herramientas de la sociedad utilizados para informar y comunicar mensajes en versión textual, sonora, visual, virtual...", o sea "todos los soportes en los cuales puede ser transmitida una idea o un mensaje". El desarrollo tecnológico ha hecho que en el siglo XXI se consideren como medios tradicionales a los medios escritos, la radio y la televisión, por la irrupción del internet con nuevos o medios alternativos a lo virtual, las paginas web, los blogs, las redes sociales integradas por un numero creciente de sistemas y aplicaciones que permiten comunicación masiva en tiempo real. En democracia los medios son en general privados, locales, cadenas y conglomerados que disputan la atención de la gente por el negocio de la propaganda. También existen medios bajo control estatal y su concentración directa o simulada en manos de gobiernos es característica de los gobiernos no democráticos y dictaduras.

La prensa cuya acepción primaria se refiere a la "máquina de comprimir" que se usó —entre otras cosas— para imprimir en papel un texto escrito, es en el ámbito de la comunicación social "el conjunto de las publicaciones periódicas" y el "conjunto de las personas dedicadas al periodismo". En el sentido que nos ocupa, la prensa se refiere al "conjunto de publicaciones periódicas que tiene como objetivo informar sobre los más diversos temas de actualidad e interés publico y al conjunto de personas que ejercen el periodismo". Periodismo es "la actividad profesional que en términos generales consiste en la captación y tratamiento de la información en cualquiera de sus formas y variedades". Dragni citado por Bracho afirma que "la información significa el conjunto de actividades que tienen por fin recoger, elaborar, transmitir y difundir noticias… que la información periodística debe asegurar y posibilitar el conocimiento de hechos, ideas y opiniones".

Una de las características de la democracia es la libertad de prensa, que es "el conjunto de garantías que tienen los ciudadanos para organizarse en la edición de medios de comunicación cuyos contenidos no estén controlados ni censurados por los poderes del estado, en los que toda persona pueda publicar sus ideas libremente sin censura previa". La libertad de prensa esta fundada en la libertad de opinión y de expresión consagradas por el Art. 19 de la Declaración Universal de Derechos Humanos y sin libertad de prensa definitivamente no hay democracia.

Es en este contexto tan complejo pero al propio tiempo tan sencillo en que los medios de comunicación y los periodistas pueden escoger el alcance de su trabajo y desempeño en los procesos de elecciones o votación en los que la población debe tomar decisiones en el marco de la democracia. Pueden hacer prensa, información y opinión, pueden incluso tomar una posición y formular recomendaciones o preferencias, o pueden tomar posición política y formar parte de la campaña como un instrumento mas del proselitismo de determinada posición o candidato. Lo que no pueden hacer es simular informar y hacer proselitismo porque en ese papel casi no se diferencian de los medios manipulados por los regímenes dictatoriales donde con el control de prensa esta se convierte en una herramienta más de violación de la libertad.

Cuanto más importante sea el tema sometido a decisión popular son mas posibles los choques de intereses entre el medio de comunicación, sus empresarios, directores, la prensa que los integra, los grupos o líderes en pugna, los clientes o el mercado que los soporta. La ecuación es muy difícil y en general en los casos del Brexit, del referéndum por la paz en Colombia y en las elecciones presidenciales de 2016 en Estados Unidos, no han dejado bien parados a la mayoría de los medios y prensa considerados libres. Existe la peligrosa sensación de que en esos tres procesos uno de los derrotados han sido los medios de comunicación y la prensa.

La democracia permite que medios de comunicación y prensa decidan por lo que consideren más conveniente, más correcto e incluso más comercial, pues de eso se trata la libertad. Pero, el equivocado uso de la libertad tiene consecuencias de credibilidad, de imagen e incluso de mercado, en tiempos en que la comunicación virtual en tiempo real —con el denominado periodismo ciudadano— se expande, y las medias verdades o noticias sesgadas tienen vida cada vez mas corta. Se trata de un tema cuya discusión es difícil y recién comienza como parte de las transformaciones de la sociedad actual, en el que uno de los aportes puede ser guiarse preferentemente por la regla de los principios y valores que han hecho de la prensa libre un elemento imprescindible de la libertad y la democracia.

*20 de noviembre de 2016*

# El presidente Trump y la democracia en América Latina

*En situaciones de decisión y toma de posiciones, los estados actúan en función de sus ideales y de sus intereses nacionales. El equilibrio entre los principios y valores que integran los ideales nacionales con el interés es lo deseable.*

En la durísima campaña presidencial de los Estados Unidos, los candidatos expusieron en muy pocas ocasiones y muy parcialmente algunos puntos de vista sobre política exterior con América Latina. Mas allá de las discrepancias y confrontaciones entre republicanos y demócratas, con la elección de Donald Trump estamos en un momento político diferente que impone la necesidad de recordar que al nuevo presidente de los Estados Unidos le esperan dos Américas, la democrática y la dictatorial del socialismo del siglo XXI. Mientras la cortina de humo de lo dicho en la campaña electoral es lo que ahora se ve, el tema de fondo es el futuro de la libertad y la democracia en la región.

En situaciones de decisión y toma de posiciones, los estados actúan en función de sus ideales y de sus intereses nacionales. El equilibrio entre los principios y valores que integran los ideales nacionales con el interés es lo deseable. La historia de los Estados Unidos demuestra que este país ha guiado su política exterior en base a un "interés nacional pragmático y realista", fundado en "la promoción de la libertad, la defensa de la democracia y de las instituciones republicanas", a la que agregó la promoción de los derechos humanos.

El socialismo del siglo XXI, que empezó como movimiento bolivariano y proyecto Alba, luego de la muerte de Hugo Chávez, está claramente liderado por la dictadura cubana e integrado por los gobiernos de Nicolás Maduro en Venezuela, Rafael Correa en Ecuador, Evo Morales en Bolivia y Daniel Ortega en Nicaragua. Es un conjunto de regímenes caracterizados por ignorar y avasallar premeditada y deliberadamente el orden constitucional preexistente, al que han suplantado en su beneficio; destrozar y hacer inexistente el "estado de derecho, eliminar la división e independencia de las ramas del poder público, violar los derechos humanos de sus ciudadanos mediante la judicialización de la represión, con presos y exiliados políticos; extinguir la libertad de prensa y de expresión, manipular las elecciones haciendo desaparecer su carácter libre y transparente para convertirlas en instrumento de perpetuación indefinida en el gobierno, impedir la libre organización política y la posibilidad de que la oposición llegue al poder.

Las dictaduras del socialismo del siglo XXI son regímenes que no cumplen ninguno de los elementos esenciales de la democracia, de acuerdo a la Carta Democrática Interamericana, pero sin embargo se presentan y son tolerados como si se tratara de gobiernos iguales a los de la América con democracia, respecto a los que son una amenaza de desestabilización permanente. El poder del dilapidado petróleo venezolano les ha permitido controlar la OEA, formar un bloque de presión en la ONU, paralizar la integración regional y extender una red de corrupción que se empieza a develar a partir de los escándalos de los gobiernos de Lula y Dilma en Brasil (sólo la punta del ovillo que enreda a todos los gobiernos no democráticos incluyendo la Argentina de los Kirchner).

En el escenario marcado Chávez y Castro, en lo que va del siglo XXI, los Estados Unidos tienen lo suyo de parte de estos regímenes auto declarados antiimperialistas: Venezuela, Ecuador y Bolivia han expulsado a los embajadores americanos que han sido repuestos en los dos primeros países; Ecuador ha echado de Manta las bases militares estadounidenses y ha retirado de su país la cooperación americana, el dirigente cocalero Evo Morales ha expulsado de Bolivia a la DEA, a USAID y el mismo controla los cultivos ilegales de coca incrementado en más de 10 veces la producción de droga, todos los dictadores del socialismo del siglo XXI sin excepción han sido extraordinariamente explícitos en acusaciones e insultos al presidente y al gobierno de los Estados Unidos, al punto que en la Asamblea General de la ONU de este año, Evo Morales acusó de genocidio al presidente Barack Obama y pidió enjuiciarlo por delitos de lesa humanidad; todos estos gobiernos han contribuido al crecimiento de la actividad del narcotráfico con destino a los Estados Unidos, Venezuela y Bolivia son consideradas narco estados, todos han abierto sus territorios a relaciones con Irán y se han proclamado abiertamente anti israelitas, todos se han sobre endeudado con China permitiéndole una extraordinaria presencia en la región.

La amenazas contra los Estados Unidos —entre otras— son el narcotráfico, el terrorismo, la migración descontrolada. Todas ellas tienen punto de origen o de apoyo en las dictaduras del socialismo del siglo XXI, que lideradas por la dictadura castrista han señalado reiteradamente como su enemigo a los Estados Unidos. La enemistad es obvia por el contraste evidente entre los principios de libertad, derechos humanos, democracia e institucionalidad en que se sustenta y que promueve Estados Unidos, frente a la opresión, la violación de los derechos humanos como política de estado, la destrucción de la democracia y de las instituciones republicanas para perpetuarse en el poder que ejecutan las cinco dictaduras de América Latina.

Éste es el problema fundamental que amenaza los intereses y la seguridad nacional de los Estados Unidos y ha sido apenas mencionado en la campaña electoral. No se trata de intervención estadounidense en los problemas de Cuba, Venezuela, Ecuador, Bolivia y Nicaragua, es un asunto de defensa de valores universales. El presidente electo de los Estados Unidos debe saber que entre sus desafíos está el de la democracia en América Latina, cuya defensa coincide con los ideales e intereses fundamentales de su nación.

*13 de noviembre de 2016*

# Recuperar la democracia es un proyecto de unidad

*La actividad política en democracia tiene como característica fundamental la libertad, o sea la "facultad natural del ser humano de obrar de una manera o de otra o de no obrar" teniendo como marco el del estado de derecho, el respeto de la ley*

Los gobernantes de Cuba, Venezuela, Ecuador, Bolivia y Nicaragua son las cinco dictaduras del socialismo del siglo XXI que tienen como principal objetivo permanecer indefinidamente en el poder. Ante esta realidad, la primera e imprescindible tarea de los pueblos es recuperar la democracia, esto es, devolver las condiciones mínimas de libertad, garantías fundamentales, estado de derecho, elecciones limpias y libres, libertad de prensa, desaparición de la persecución política judicializada, libertad de presos políticos, retorno de los exiliados. La tarea de recuperar la democracia de manos de una dictadura es tan grande y difícil, que solo es posible si se encara como un proyecto de unidad.

La actividad política en democracia tiene como característica fundamental la libertad, o sea la "facultad natural del ser humano de obrar de una manera o de otra o de no obrar" teniendo como marco el del estado de derecho, el respeto de la ley. La democracia se ejerce en un sistema de libre organización en agrupaciones o partidos en función de concepciones ideológicas, de propuestas frente a la realidad, de proyectos, de coyunturas e incluso de liderazgos. El disenso y la contraposición características de una sociedad libre dan lugar a la dinámica democrática e incluso a la disputa, que articuladas en el marco de la institucionalidad constituyen el proceso político que configuran el gobierno y la oposición. La oposición en democracia es tal solo si tiene la posibilidad de acceder al poder por los mecanismos institucionales. Un tiempo límite de ejercicio del poder, la alternancia y renovación de los gobernantes son parte vital del sistema.

El informe Almagro que activó la Carta Democrática Interamericana, demuestra que en Venezuela no hay democracia porque en el gobierno de Nicolás Maduro se violan los derechos humanos, existen presos y perseguidos políticos, no existe estado de derecho, no hay división e independencia de los órganos del poder público, hay arbitrariedad no legalidad. El gobierno venezolano ha demostrado que manipula descaradamente el sistema electoral, que digita la justicia, que controla y reprime a la prensa, que defiende la impunidad y encubre la corrupción, que se burla de la miseria a la que la llevado a su pueblo, que desconoce las facultades de la Asamblea Nacional, viola su propia constitución.

Las cinco dictaduras de América Latina han cerrado filas. Tratan de presentar su fracasado modelo, corrupción e ineptitud como un ataque del imperialismo y de la derecha. Saben que están en una crisis terminal, pero han decidido alargar el sufrimiento y la agonía de sus pueblos con el sistema castrista de permanencia en el poder. Las técnicas castristas de amedrentamiento, persecución, violencia, mentiras permanentes, mostrarse como víctimas, institucionalizar el miedo, corromper, espiar, dividir, intrigar, extorsionar, traficar, controlar y distorsionar la información, encarcelar, destrozar la oposición, acusar falsamente, asesinar las reputaciones, hacer fraude y cometer cualquier crinen, están todas en ejecución en Cuba, Venezuela, Ecuador, Bolivia y Nicaragua.

Los dictadores saben que su única amenaza efectiva es la unidad real de la resistencia o de la oposición, por eso su principal objetivo es dividir y fraccionar. En Cuba reprimen cada vez con mayor violencia, impidiendo la organización de oposición y alentando la imagen una disidencia de grupos inconexos entre sí. En Venezuela con intrigas, maniobras y manejo de información ya casi dividen la oposición mostrándola como inoperante porque no logrará el referéndum revocatorio este año y porque agrava la crisis; es la imagen del verdugo culpando a la víctima, pero funciona. En Ecuador, que tendrá elecciones el 19 de febrero próximo, el aliento a la mayor cantidad de candidatos de oposición y el juego de que Correa pese a que puede no será candidato, solo prepara su fraudulenta reelección con 40% de votos superando a su seguidor con por lo menos el 10%. Evo Morales en Bolivia ya ha puesto en campaña a sus sindicatos de coca para desconocer su derrota del 21 de febrero pasado por la que está impedido de simular ninguna reelección mas, mientras criminaliza y persigue judicialmente a los opositores reales. En Nicaragua Ortega y su mujer avanzan rampantes con su fraude electoral sobre una oposición a la que han fraccionado y liquidado.

Por eso hay que insistir: la restitución de la democracia es la lucha que consiste en retirar del poder al dictador para luego terminar con su sistema. La transición solo empieza con ejercicio efectivo del poder. La restauración de la democracia solo sucederá cuando los Castro en Cuba, Maduro en Venezuela, Correa en Ecuador, Morales en Bolivia y Ortega en Nicaragua hayan dejado el poder. Para lograrlo la unidad es imprescindible. No es una unidad ideológica ni siquiera programática, es unidad de objetivo, unidad vital, de sobrevivencia, de emergencia nacional. Si todos los líderes, los partidos, la gente que quiere libertad no se unen para retirar la dictadura, la tarea será imposible. Los dictadores son muy poderosos y peligrosos porque el ejercicio de su poder no tiene regla ni límite. Contra poder tan grande solo puede la unidad con el único objetivo de recuperar la democracia, la libertad.

Con la democracia recuperada, en condiciones de democracia, se abrirá recién el tiempo de la diputa legítima del poder, de los espacios, las candidaturas, las muy legitimas aspiraciones personales, los reales o idealizados roles individuales o de grupo. La estrategia de los dictadores es que estas confrontaciones internas de la oposición se den en el proceso de restitución de la democracia porque de esa manera ellos ganan y ganar es quedarse. Quienes no reconozcan esta realidad corren el riesgo de convertirse en cómplices de la dictadura.

*02 de octubre de 2016*

# Brasil ejemplo de democracia y Venezuela de dictadura

*Mientras Brasil decide en libre autodeterminación, Venezuela está manipulada por las dictaduras de Cuba, Ecuador, Bolivia y Nicaragua que la han convertido en su cuña para durar un poco más*

Los gobiernos populistas de corte socialista, modelo y concepción castrista en América Latina, han llevado a sus pueblos a crisis económicas, políticas y sociales que terminan en un generalizado rechazo popular por el resultan inviables. No obstante su misma ideología, naturaleza y la estrecha relación entre sí, algunos de estos gobiernos han permanecido en democracia y otros se han convertido en dictaduras, diferencia que permite reiterar hoy, que la democracia es fundamental en el momento de encarar las crisis, por ejemplo Brasil como democracia y Venezuela como dictadura.

En este siglo en América Latina ha visto la llegada, expansión, exitismo, corrupción y fracaso de políticos que se presentaron como populistas, socialistas, inspirados o concebidos por el castrismo, anti imperialistas, anti neo liberales y progresistas. Con orígenes, características e intereses en común, terminaron todos forjando y reconociendo el liderazgo político de los dictadores Castro en la región, pero también marcaron una importante diferencia entre sí, ya que algunos se mantuvieron o fueron mantenidos en el marco institucional de la democracia, mientras que otros suplantaron la institucionalidad para formar parte de las dictaduras del socialismo del siglo XXI.

Argentina con los gobiernos Kirchner estuvo al filo de la ruptura de la democracia, que fue salvada porque el autoritarismo vinculado a Chávez y Castro en versión kirchnerista no pudo con la prensa libre que mantuvo una opinión pública que —crisis económica de por medio— hizo posible el retiro por vía democrática de tan avanzada amenaza. El Diario Clarín, el periodista Jorge Lanata y su equipo, una la justicia federal que en algunos casos pudo escapar de la manipulación oficialista, el asesinado fiscal Nisman y la acción de muchos defensores de la democracia, son la razón. Hoy las consecuencias de pobreza, corrupción, injusticia, confrontación social y deterioro son encaradas por el pueblo argentino con un nuevo y diferente gobierno. Salvaron la democracia y van camino de superar la crisis.

Brasil bajo control extendido del Partido de los Trabajadores con Lula da Silva y luego con Dilma Rousself aparentaron un éxito extraordinario hasta que se hicieron evidentes la ineficiencia, los temas de altísima corrupción, falsedad en la información en datos y cuentas del Estado, daños a Petrobras, la corrupción en torno a constructoras brasileras con operaciones internacionales, el incremento del desempleo, la crisis económica, el creciente descontento social y un sinnúmero de escándalos y atentados contra los elementos esenciales de la democracia denunciados por una prensa libre y vigorosa. La institucionalidad se activó, jueces no sometidos al poder político, fiscales que cumplen con sus funciones de defensa del Estado y no del gobierno, poderosos públicos y privados encarcelados por corrupción, protestas populares, demostraron que la democracia es para instaurar el poder y sostenerlo en el marco del "estado de derecho", pero que no es inerme y también puede y debe retirar del poder a los se ponen por encima de la ley.

En el grupo de los países del socialismo del siglo XXI, Cuba, Venezuela, Ecuador, Bolivia y Nicaragua, luego de haber terminado con la democracia en sus respectivos países, se dieron al ejercicio del poder total, controlando parlamentarios, asambleístas, legisladores, funcionarios electorales, jueces, fiscales, militares, policías, medios de comunicación, persiguiendo a sus críticos, con presos y exiliados políticos, con violaciones sistemáticas a los derechos humanos, confiscaciones, confrontaciones, asesinatos, masacres, corrupción, narcotráfico, vinculaciones con el terrorismo y todo tipo de crímenes conocidos y denunciados. Mantuvieron con mucha propaganda interna y derroche internacional la apariencia de democracias y de éxitos económicos hasta que la farsa no dio mas y la lucha de los pueblos puso en evidencia —comenzando por Venezuela— lo que hoy todo el mundo conoce, que son dictaduras corruptas y decididas a cualquier cosa con tal de mantenerse indefinidamente en el poder.

La lucha del pueblo venezolano produjo la recuperación de la Asamblea Nacional como único órgano democrático en su país y abrió la esperanza de una transición no violenta a la democracia, rechazada y resistida tenazmente por Nicolás Maduro, cuyas acciones han confirmado su naturaleza dictatorial articulada por el castrismo. El papel del nuevo Secretario General de la OEA Luis Almagro resulta central al poner en evidencia hechos conocidos y denunciados desde hace años, pero encubiertos por el "poder del dinero" venezolano malversado por Hugo Chávez y de la "diplomacia de la intimidación" ejecutada por Fidel Castro y su régimen sobre los organismos internacionales y los gobiernos democráticos.

Mientras Brasil resuelve su crisis política destituyendo a su presidenta por mecanismos estrictamente institucionales, el mundo ve con estupor la irresponsable actitud de la dictadura de Venezuela que está llevando a situaciones límite a su pueblo tratando de evitar que el 2016 exista un referéndum revocatorio. Mientras Brasil puede encarar con confianza la solución de sus crisis económica y social, la dictadura de Venezuela profundiza y alienta la miseria y la confrontación a las que ha llevado a sus ciudadanos. Mientras Brasil decide en libre autodeterminación, Venezuela está manipulada por las dictaduras de Cuba, Ecuador, Bolivia y Nicaragua que la han convertido en su cuña para durar un poco más. Las consecuencias de ambos caminos marcan la diferencia fundamental, Brasil en el camino de las certezas que da la democracia y Venezuela en la incertidumbre de la dictadura.

*4 de septiembre de 2016*

## OEA, las dictaduras pierden disfraz de democracia

*El modelo dictatorial con disfraz de democracia que crearon Chávez y Castro en base a la prebenda, al petróleo, al dinero y a la corrupción, se acaba*

El informe del secretario general de la OEA para activar la Carta Democrática Interamericana respecto al Gobierno de Venezuela, las torpes maniobras para impedir que se trate el tema, el voto de 20 países por la consideración del asunto, con solo 12 en contra y dos abstenciones, y el desarrollo de sesión del Consejo Permanente de la OEA, el pasado 23 de junio, que ha activado la Carta, han dejado claro que el régimen venezolano de Nicolás Maduro y los similares de Ecuador, Bolivia y Nicaragua no son democracias. La histórica acción de Luis Almagro ha logrado ya que Venezuela y las otras dictaduras del socialismo del siglo XXI pierdan su disfraz de democracia.

Los antecedentes de hace solo unos días en la 46 Asamblea General de la OEA, que se reunió en República Dominicana, mostraban que el grupo no democrático, organizado por Castro y Chávez, que ha terminado denominándose socialismo del siglo XXI, estaba aún en control de la mayoría de los votos en la organización, pues tuvieron la prepotencia de agredir al Secretario General promoviendo una resolución sumando 19 votos. Todo hacía prever que con ese apoyo, denominado como los "votos de la vergüenza", que además son resultado evidente de diversas formas de "corrupción", el castrismo desde fuera de la OEA terminaría tan rápida como inmoral e ilegalmente con la acción del secretario Almagro para activar la Carta Democrática respecto a Maduro y su régimen.

En un día, el Gobierno de Venezuela, su centro neocolonial castrista y sus socios de grupo y de modelo Ecuador, Bolivia y Nicaragua, fueron derrotados por lo menos tres veces. La primera cuando pretendieron que el Consejo Permanente de la OEA no tratara la petición del Secretario General, y llevando el asunto a votación fueron rechazados por 20 votos, sufriendo la división de su principal herramienta el Petrocaribe y una prudente distancia de otros gobiernos. La segunda cuando la ministra de exteriores de Venezuela acusó al Secretario General de la OEA de pretender dar un golpe de estado a Maduro, haciendo un ridículo papelón en un foro tan importante, al repetir las consignas dictatoriales que imponen a los indefensos ciudadanos bajo su poder. La tercera, porque la Carta Democrática Interamericana ya está activada, la reunión del Consejo Permanente escuchando y considerando el informe de Almagro, ha puesto ya en marcha el documento que vela por la democracia, ha iniciado el procedimiento y mecanismos contenidos en el artículo 20 del mismo.

Pero hay una derrota mas grave e irreversible y es que las dictaduras del socialismo del siglo XXI "han perdido definitivamente su disfraz de democracia". Si alguien creía o simulaba que Venezuela es una democracia, está perdido y refutado luego de que el Consejo Permanente aplicó la Carta con la recepción del informe del Secretario General y posteriores actos. Los hechos descritos y demostrados en el informe de Almagro, con prueba preconstituida y de conocimiento público mundial, ya son irreversibles. Nadie duda de la violación de derechos humanos, la existencia de presos políticos, la ausencia de división e independencia de los poderes públicos, la persecución política, el exilio, la manipulación, etc. Frente a eso la defensa dictatorial sólo es de consignas y está tan debilitada que ya ni esgrime el antiimperialismo estadounidense, porque no puede hacerlo con un enviado especial hablando con el dictador. Ante tal debilidad, ya ni el soborno petrolero alcanza porque se ha hecho muy evidente.

Los gobiernos que aún respaldan a las dictaduras del siglo XXI han resultado ser Antigua & Barbudas, Dominica, El Salvador, Granada, Haití, República Dominicana, San Cristobal & Nieves, San Vicente y las Granadinas. Los que se abstuvieron Trinidad Tobado y Santa Lucía. Es posible que luego de escuchar el informe de Almagro sobre Venezuela y darse cuenta que todo el mundo lo conoce, les toque un poco de respeto por sus patrias y sus pueblos que los haga respetar los principios, valores y obligaciones de libertad y democracia. En todo caso son los pueblos de estos países los que preguntarán ahora por qué brindan un apoyo fuera de toda razón y legalidad. Los órganos legislativos de los países que quedaron entre los votos de la vergüenza tienen tarea de fiscalización urgente.

Los regímenes de Rafael Correa en Ecuador, Evo Morales en Bolivia y Daniel Ortega en Nicaragua han perdido junto con el de Nicolás Maduro su disfraz de democracia. Los jefes de esos gobiernos saben que el informe de Almagro sobre Venezuela es sólo el primer capítulo de un expediente regional del que forman parte, porque igual, o en algunos casos peor que en Venezuela, violan los derechos humanos, controlan todos los poderes del estado, utilizan la justicia como mecanismo de represión política, tienen presos y exiliados políticos, violan la libertad de prensa y de expresión, atentan contra la propiedad privada, tienen a la corrupción como elemento esencial de sus gobiernos, están señalados por el tema del narcotráfico……son sólo la aplicación en el siglo XXI del fallido modelo estalinista de la dictadura castrista de Cuba que los ha creado, los ha estructurado y los dirige.

El modelo dictatorial con disfraz de democracia que crearon Chávez y Castro en base a la prebenda, al petróleo, al dinero y a la corrupción se acaba. La libertad y la democracia recuperan espacios que nunca debieron perder. La Carta Democrática Interamericana está activada, la OEA se recupera, tiene un extraordinario secretario general. Es inevitable que el pueblo venezolano tenga referéndum revocatorio antes de fin de año. Castro, Correa, Morales y Ortega saben que ya no engañan a nadie, la crisis los acosa. Las dictaduras del siglo XXI van perdiendo el poder y pronto tendrán que dejar el gobierno, han perdido su disfraz de democracias.

*27 de junio de 2016*

## Almagro desenmascara
## los votos de la vergüenza en la OEA

Al activar la Carta Democrática Interamericana pidiendo la "convocatoria a una sesión urgente del Consejo Permanente de los Estados Miembros entre el 10 y 20 de junio de 2016" para "atender la alteración del orden constitucional y como la misma afecta gravemente el orden democrático de la República Bolivariana de Venezuela", Luis Almagro ha demostrado que la Organización de Estados Americanos (OEA) tiene Secretario General, ha puesto en evidencia a la dictadura venezolana, ha realizado una fundamentación de hecho y de derecho muy sólida, pero sobre todo, ha iniciado un irreversible proceso que muestra cuales son los gobiernos democráticos que están protegiendo y tolerando —por razones económicas y/o políticas— a las dictaduras del socialismo del siglo XXI. La consideración y resolución de la histórica acción de Almagro a favor de la democracia en la región, desenmascara los "votos de la vergüenza" en la OEA.

La solicitud de activación de la Carta Democrática Interamericana es un brillante instrumento jurídico y político de defensa de los principios y valores de la OEA, contiene aspectos de hecho y fundamentos de derecho irrebatibles. En sus 132 páginas, Almagro resume y documenta la situación de Venezuela y la contrasta con las disposiciones en materia de derechos humanos, democracia, justicia, regímenes constitucionales, responsabilidad en el servicio público, corrupción, división e independencia de los órganos del poder público, elecciones libres, libertad de prensa, soberanía popular, cuestiones electorales y otros aspectos hasta ahora repetidamente denunciados por las víctimas pero no aceptados y menos asumidos por autoridad o funcionario alguno del orden internacional. Reconoce oficialmente la existencia de "presos políticos" y precisa sin temor la contradicción de la democracia con la existencia de presos políticos.

Resulta muy importante su alegación de "ética en la política" citando a Desmond Tutu: "Si eres neutral en situaciones de injusticia, has elegido el lado del opresor". De esta manera Luis Almagro marca distancia de la oscura y penosa gestión de su antecesor Insulza, muestra como se debe cumplir con las obligaciones de Secretario General de la OEA y además de ser el "abogado de la democracia", reivindica la política, la buena política, la del servicio a los mandantes, la de la previsibilidad, la de la rendición de cuentas, la de la transparencia, la del "estado de derecho" en el que ningún individuo puedo estar por encima de la ley. La petición de Almagro es un acto de valentía en la defensa de la libertad y la democracia y por eso —más allá del resultado político— se trata de un hecho histórico que reencauza la política y el rol de la OEA en la región.

La situación de Venezuela es tan grave y compleja que en este momento ya no se trata de la "alteración del orden democrático" en ese país, se trata —como lo ha publicado el Interamerican Institute for Democracy— que "la democracia ya no existe en Venezuela". Pero aún así el efecto del pedido de Almagro ha ocasionado de un terremoto político entre los estados miembros de la OEA y un impacto terminal a las dictaduras del socialismo del siglo XXI vigentes en Cuba, Venezuela, Ecuador, Bolivia y Nicaragua que han reaccionado con todos los mecanismos de insulto, violencia, presión, infamia, propaganda, difamación, influencia y control de daños que a su alcance. No podía ser de otra manera porque han quedado en vitrina, les han tumbado la careta de democracias simuladas y los han puesto en evidencia frente a los pueblos y a la opinión pública mundial: los dictadores están desnudos.

Las acciones de defensa de la dictadura venezolana (que defienden también a Cuba, Ecuador, Bolivia y Nicaragua), ha ido desde insultos como los de Nicolás Maduro que solo han servido como actos de reincidencia y prueba de lo denunciado por Almagro, hasta operaciones diplomáticas que han hecho cambiar al gobierno argentino del presidente Mauricio Macri de su original posición de denuncia contra la dictadura venezolana a la maniobra de precipitar una reunión del Consejo Permanente de la OEA convocado y presidido por el representante de Argentina Juan José Arcuri, para emitir una resolución en la línea del castrismo que opera desde bambalinas; pero esta resolución en lugar de ayudar a Maduro, ha complicado más su situación pues ha terminado siendo un paso hacia el tratamiento de la petición del Secretario Almagro.

El socialismo del siglo XXI lucha ahora porque la reunión pedida por Almagro no se realice y para eso sería capaz hasta de hacer que lo pida la "oposición venezolana", pero eso es imposible. Realizándose la reunión del Consejo Permanente, Almagro tiene un caso demostrado con prueba pre constituida y si el liderazgo castrista logra sumar a sus votos duros de Venezuela, Ecuador, Bolivia y Nicaragua, los gobiernos del "Petrocaribe", y los votos de otros países, con cualquier excusa como la de México, Argentina, Colombia, es posible que se termine sin resolución o con una resolución de rechazo. Esto significará que "la democracia no tenga aún los votos para defenderse". Si sucede, de cualquier forma o con cualquier pretexto estaremos ante un bochornoso acto de "prevaricato", de desconocimiento y violación de las obligaciones legales y de los principios y valores por conveniencias espurias de valor económico o político que no tardarán en cobrar su precio a los gobernantes cómplices, que serán señalados como los "votos de la vergüenza".

*6 de junio de 2016*

# Perú, entre Keiko Fujimori y la ingobernabilidad

*Los líderes y agrupaciones políticas que hoy apoyan directa o in-directamente a Kuczynski para la segunda vuelta, procurando que sea Presidente del Perú, lo hacen por oposición a Fujimori*

La segunda vuelta electoral para elegir presidente de Perú se realizará el próximo 5 de junio, entre Keiko Fujimori (Fuerza Popular), ganadora de las elecciones del pasado 10 de abril, y Pedro Pablo Kuczynski (PPK) el segundo en votación. El escenario es un ambiente político de intensa confrontación por la resistencia de importantes sectores políticos a que la hija del expresidente Alberto Fujimori sea presidenta del Perú, sumada a los intereses de grupos políticos que prefieren un presidente débil, eligiendo a Kuczynski. Por los resultados de la elección general Keiko Fuimori tiene mayoría en el Congreso y por su prolongado trabajo presenta la mejor estructura política y territorial, mientras que Kuczynski no tiene posibilidad de contar con un Congreso favorable, por lo que afrontaría graves problemas de gobernabilidad. Se trata de una segunda vuelta electoral en la que los peruanos elegirán entre Keiko Fujimori y la ingobernabilidad.

Las elecciones generales tuvieron la alta concurrencia del 81,80% de votantes. En la presidencial Keiko obtuvo 6,115,063 votos, o sea el 39,86%, y Pedro Pablo 3,228,661 que representa el 21,05%. Los resultados para el Congreso compuesto por 130 miembros dieron al partido de Fujimori 73 legisladores, al PPK 20, al Frente Amplio 18, a APP 9, Acción Popular 5 y Apra 5. La mayoría de Keiko en el Congreso es sólida y para el caso de que sea elegida presidenta le garantiza una administración estable, sujeta al control democrático que impone el sistema político peruano. De ser electo Kuczynski deberá gobernar confrontado a un Congreso de oposición y con aliados coyunturales que en general no tienen con él ni con su estructura partidaria ninguna coincidencia ideológica o programática.

La candidata presidencial Veronika Mendoza, del Frente Amplio por Justicia, Vida y Libertad, salió tercera con 2,874,940 votos, o sea el 18,74%. Juntos y sumados Kuczynski y Mendoza tuvieron menos respaldo popular, menos votos y menos porcentaje en las elecciones que Keiko Fujimori, que les ganó la elección al segundo y a la tercera, juntos. La representación en el Congreso acentúa esa diferencia. Además, entre Kuczynski y Mendoza las diferencias programáticas e ideológicas son abismales, más cuando Mendoza ha sido señalada como vinculada al debilitado socialismo del siglo XXI liderado por Cuba y Venezuela.

Los líderes y agrupaciones políticas que hoy apoyan directa o indirectamente a Kuczynski para la segunda vuelta, procurando que sea Presidente del Perú, lo hacen por oposición a Fujimori, con discurso antifujimorista dirigido contra el padre de la candidata, Alberto Fujimori, que gobernó el Perú por más de 10 años, presentando el temor de nuevos excesos. Ya funcionó en las elecciones de 2011 cuando para la segunda vuelta electoral Mario Vargas Llosa apoyó "sin alegría y con muchos temores" al actual presidente Ollanta Humala precisamente contra Keiko Fujimori. El apoyo a Humala permitió a éste llegar a la presidencia y representó que su gestión asuma una posición de centro alejándose de sus compromisos y planes originales con el proyecto castrochavista que parecía su origen inequívoco, y de este modo el Perú no fue uno más de los países completamente inscritos en el socialismo del siglo XXI.

Ahora el escenario es diferente. Keiko Fujimori ha ganado la primera vuelta con el 39,86% de votación y ha obtenido además la mayoría en el Congreso. El segundo candidato más votado no tiene posibilidades de respaldo congresal para el caso de asumir la presidencia y sus coyunturales apoyos para la segunda vuelta estarán listos a darle la espalda y atacarlo apenas tome la presidencia; en esas condiciones el Gobierno será muy difícil o imposible, porque no hay país con sistema presidencialista en el que se pueda permanecer en el poder con 21% de apoyo popular original y sin una sólida alianza en legislativa, menos con una minoría estancada o cercada.

Para los socialistas del siglo XXI que están en el Perú es una buena estrategia hacer todo lo posible para que Fujimori no sea presidenta, y por eso la combaten y apoyarán a Kuczynski, a quien al principio harán su rehén y luego su víctima, para terminar con el proyecto económico que llaman liberal, que se ejecuta desde la década de los 90 y que con gobiernos de diverso tono, pero con una misma política de estado, ha puesto al Perú en el liderazgo del crecimiento económico sostenido en la región. De otra parte, con un gobierno débil, la operación subversiva, el reponer incluso acciones guerrilleras, buscar confrontación social, deteriorar, poner en crisis y hasta derrocar al gobierno democrático funciona más fácilmente, buscando dar lugar a un escenario como el creado a su turno en Venezuela (1999), Bolivia (2003) y Ecuador (2005), que permita el entierro de lo que la democracia y el acceso del castrismo al poder, revestido de populismo liberador.

Por sus condiciones personales y profesionales, seguramente el candidato Kuczynski podría ser un gran presidente del Perú, pero en las condiciones actuales si accede a tal investidura, parece condenado al fracaso más rotundo porque no tiene condiciones políticas objetivas de gobernabilidad. Las condiciones políticas objetivas no dependen de las capacidades ni de la buena voluntad del candidato

Kuczynski, son solo la cancha rayada por los resultados de la primera vuelta y las condiciones políticas de su país. Lo más grave es que de ser elegido, podría ser el último presidente del periodo democrático que los peruanos recuperaron luego de que Alberto Fujimori dejó el poder. La amenaza del castrochavismo no ha desaparecido, está declinando pero opera al máximo y tienen la vista puesta en Perú para destrozar su democracia a partir de la elección de un presiente sin gobernabilidad.

*30 de mayo de 2016*

## Brasil y la importancia de tener democracia

*El término "impeachment" proviene del derecho anglosajón y sus interpretaciones más aceptadas en español son "acusación pública", "impugnación" o "juicio político"*

El procedimiento de impeachment contra la presidenta Dilma Rousseff en el contexto de la grave crisis económica, social y política de Brasil, marcada por un desempleo de más del 10% y corrupción transnacional en altas esferas políticas y empresariales, demuestra la importancia de la existencia y funcionamiento de las "libertades fundamentales", del "estado de derecho", de la "prensa libre", de la "separación e independencia de los poderes públicos". Mas allá de interesadas opiniones que buscan la impunidad, Brasil está dando muestra de la fortaleza de su institucionalidad, con una lección a la región y al mundo, de lo importante que es tener democracia.

El término "impeachment" proviene del derecho anglosajón y sus interpretaciones más aceptadas en español son "acusación pública", "impugnación" o "juicio político". Su concepto existe en las constituciones y legislaciones de varios países del hemisferio, como juicio de responsabilidades y es el mecanismo instituido por los sistemas democráticos para separar del poder a un presidente o jefe de estado en ejercicio, por la comisión de delitos establecidos en cada legislación. En Brasil está instituido con su nombre original en inglés y es "un procedimiento de la democracia" por el que cualquier ciudadano tiene el derecho de acusar a un presidente de un "delito de responsabilidad".

El impeachment como derecho ciudadano, es solo una parte normal y regular de la democracia y de su elemento esencial el "estado de derecho", por el que la sociedad está regida por leyes y ningún individuo puede poner ni su voluntad ni sus acciones por encima de la ley. El cumplimiento de la ley es obligatorio para todos los ciudadanos, sin exclusiones ni privilegios. El estado de derecho es la "limitación del poder por la ley" y tiene su expresión en múltiples instituciones del sistema como la división e independencia de los órganos del poder público, la limitación a la permanencia en el poder evitando que sea indefinida, la obligación de rendición de cuentas y la responsabilidad por la gestión pública. Es en el estado de derecho, donde encontramos el fundamento estructural de la democracia contra la impunidad.

El impeachment en Brasil tiene un procedimiento de ocho etapas, destinado a garantizar el derecho de defensa del presidente que sea demandado; adicionalmente exige sucesivas votaciones por mayorías calificadas y por dos tercios de votos en las comisiones y en los plenos de las cámaras de diputados y senadores. En este marco, Dilma Rousseff fue acusada de haber cometido "delito de responsabilidad fiscal" sobre la base de que "el Tribunal de Cuentas reprobó los balances de 2014 presentados por el Gobierno". Se trata de falsedad (material e ideológica) en las cuentas publicas, que no son delitos menores, pues si un ciudadano, un empresario o un banquero realizan algo similar su destino seguro es la cárcel, ya que el asunto tiene que ver con la fe pública y con documentos públicos.

El pedido de impeachment contra la presidenta Rousseff fue aceptado el 2 de diciembre de 2015 por el presidente de la Cámara de diputados y desde entonces corre trámite, que ha garantizado sesiones plenarias para la defensa, que ha requerido mayoría de votos en la comisión de diputados, otra mayoría en el pleno, dos tercios de votos en el pleno de diputados y que ha llevado al Senado —por mas de dos tercios de votos aunque solo necesitaba mayoría a suspenderla de sus funciones hasta por 180 días. Queda por resolver si la Presidenta tiene responsabilidad, lo que requerirá dos tercios de votos en el Senado para separarla definitivamente de sus funciones.

Esto es democracia. Esto es lo que no existe en Venezuela, lo que no hay en Cuba, ni en Ecuador, ni en Bolivia, ni en Nicaragua. Un procedimiento normado y establecido por ley, que permite el ejercicio del derecho de acusar a un gobernante por violaciones previamente establecidas, para separarlo de su cargo. Se trata de algo simplemente imposible en los países sin democracia, precisamente porque el impeachment o juicio de responsabilidades es un medio de la democracia frente a la violación de la ley y/o el abuso del poder. En las dictaduras del socialismo del siglo XXI no hay libertades fundamentales, no hay estado de derecho, no existe división e independencia de los poderes públicos, no hay libertad de prensa, no hay posibilidad de hacer oposición con libertad, hay presos y exiliados políticos, no hay responsabilidad alguna de los gobernantes que actúan como dueños… entonces cómo puede haber impeachment!?? Cómo puede gustarles el impeachment a los dictadores?

Por eso, los efectos del impeachment, el funcionamiento de la democracia en Brasil, son funestos para Cuba, Venezuela, Ecuador, Bolivia y Nicaragua, cuyos jefes tratan de descalificar una institucionalidad que han destrozado en sus países, para permanecer indefinidamente en el poder. Brasil pone en evidencia a Castro, Maduro, Correa, Morales y Ortega, mostrando como procede un país con democracia, cosa imposible en las dictaduras socialistas del siglo XXI. Pero tal vez lo peor para los jefes de Gobierno no democráticos, sea el miedo a lo que viene con el destape de la corrupción transnacional organizada en torno al "Foro de San Pablo", cuyos alcances y naturaleza se sospechan pero están aún por verse, al desaparecer la protección y complicidad con que contaron.

Se trata solamente de la importancia de tener democracia.

*16 de mayo de 2016*

# El viaje de Obama por las dos Américas

*Visitar primero Cuba, ha representado ir al centro imperial de las dictaduras del socialismo del siglo XXI, estar en la capital de la América no democrática estancada en el eje de confrontación de una guerra fría que debió terminar hace 25 años*

El viaje del presidente de los Estados Unidos a Cuba y Argentina ratifica que la región está marcada por una división en torno a los principios y valores de libertad y democracia porque demuestra que existen dos Américas: la dictatorial y la democrática. La diferencia esencial entre las dos es la perpetuación indefinida en el poder que buscan los gobernantes devenidos dictadores, con cuyo propósito violan la libertad y los derechos humanos pisoteando todos los elementos esenciales de la democracia. La América no democrática está liderada y controlada por la dictadura castrista desde Cuba, y la América democrática tiene en el nuevo presidente de Argentina una opción de liderazgo. La constatación de estos contrastes es la esencia de lo que la historia puede llamar "el viaje del Presidente Obama por las dos Américas".

En tiempos de la guerra fría la región fue dividida por la lucha entre el capitalismo y el comunismo, el liderazgo de cada bando era claro y los actos de intervención tanto de los EEUU como de la Unión Soviética (URSS) buscaban el control del mayor número de países americanos. La dictadura castrista fue el principal baluarte y el centro de operaciones del comunismo en las Américas, con violencia, guerrillas, desestabilización de gobiernos, crímenes políticos, guerras civiles, adoctrinamiento, propaganda y cuanta acción le fuera útil, llegando incluso a actuar como un factor autónomo de la URSS. ¿Quién tiró la primera piedra de esta confrontación en América Latina? Es algo que se puede discutir, pero lo cierto es que la guerra fría generó las guerrillas, las dictaduras militares, las guerras civiles, la violación de derechos humanos y el derrumbe de la democracia en América Latina.

A fines de la década de los 70 los EEUU lideraron el retorno a la democracia y presionaron por ello como su política exterior en la región, logrando terminar con casi todas las dictaduras militares en la década de los 80, excepto la de Castro en Cuba. La guerra fría terminó por el derrumbe y desaparición de uno de sus contendientes la URSS en 1991, y en las Américas quedó la única dictadura en Cuba que afrontó una etapa de miseria denominada "período especial", que acabó cuando Hugo Chávez como presidente de Venezuela se alió con el castrismo y pagó por la formación de lo que hoy se llama socialismo del siglo XXI.

La unión de Hugo Chávez y Fidel Castro en 1999, el shock del 11S en EEUU y sus consecuencias internacionales, marcan la política en América Latina para la primera parte del siglo XXI. Chávez necesitaba seguridad y Castro dinero; Chávez puso el dinero del petróleo venezolano y Castro las capacidades de su dictadura; juntos recrearon la guerra fría, planearon y ejecutaron en la región un proyecto anti imperialista (contra EEUU), anti capitalista, neo comunista y anti democrático que comenzaron llamando proyecto bolivariano, luego Alba y que terminó como socialismo del siglo XXI, que tuvo como líder a Hugo Chávez y como patriarca a Fidel Castro hasta la muerte de Chávez quien dejó como herencia todo el proyecto —Venezuela y su petróleo incluida— en manos de la dictadura castrista.

Hoy el socialismo del siglo XXI está en decadencia y su desaparición es previsible hasta el final de la década, pero en su mejor momento controló toda la política internacional y gran parte de la local en América Latina dando a la Cuba dictatorial un poder que nunca tuvo en las Naciones Unidas, utilizando la Organización de Estados Americanos, creando una serie de organismos internacionales propios, ejerciendo presión sobre los EEUU. Hoy es un grupo político transnacional en manos de Cuba, que tiene el liderazgo político de América Latina "aún" en La Habana, en manos de la dictadura, con control directo sobre las dictaduras del socialismo del siglo XXI de Venezuela, Ecuador, Bolivia y Nicaragua, luego de haber perdido Argentina con la derrota de Kirchner y confrontando graves problemas con su incondicional Brasil de Lula y Rousseff.

La Argentina de hoy es la otra cara de la moneda, es un país que en 100 días recupera sus condiciones de democracia luego de 12 años de gobierno K. El liderazgo del presidente Macri, (que confronta abiertamente la dictadura venezolana por los presos políticos como Leopoldo López) ha terminado —entre otras cosas— con el anti imperialismo K, generando un aire de democracia que puede ayudar los esfuerzos propios que libran los pueblos de Venezuela, Bolivia, Ecuador y Nicaragua contra sus dictadores del socialismo del siglo XXI que insisten en perpetuarse indefinidamente en el poder con características comunes de hiper corrupción y crisis.

Visitar primero Cuba, ha representado ir al centro imperial de las dictaduras del socialismo del siglo XXI, estar en la capital de la América no democrática estancada en el eje de confrontación de una guerra fría que debió terminar hace 25 años, y ha puesto en evidencia que la lucha no es anti imperialista sino contra los opresores de la libertad y de los derechos humanos en Cuba y en los países de su órbita; que el enemigo no es externo, sino el abuso y la miseria. Visitar luego Argentina, la más reciente recuperación de la democracia en la región, ha significado llevar los ojos del mundo a un esfuerzo de libertad, democracia y recuperación institucional; ha demostrado que la confrontación del siglo XXI no es entre izquierdas y derechas deformadas y superadas por la sociedad y la historia, se trata de principios y valores. El viaje por las dos Américas deja claro que la confrontación actual en la región es muy dura, pero es entre democracia y dictadura, entre libertad y opresión.

*28 de marzo de 2016*

## La agenda latinoamericana 2016 es democracia

Comenzando el año 2016 siguen existiendo dos américas, la democrática y la no democrática o dictatorial. La primera donde rige el estado de derecho y la segunda donde la voluntad del jefe está por encima de la ley o es la ley; la de los países que respetan la libertad y los derechos fundamentales, y la otra con perseguidos, presos y exiliados políticos; la de los estados con "previsibilidad" fundada en la institucionalidad, y la del modelo que viola todo a su conveniencia para perpetuarse indefinidamente en el poder. El 2015 ha sido el año que inició la recuperación de la democracia, lo que agudiza la lucha de los pueblos que luchan por su libertad versus el socialismo del siglo XXI que agrupa a las dictaduras. La agenda latinoamericana del 2016 es democracia.

Vale la pena recordar e insistir que la asociación iniciada en 1999 entre Fidel Castro y Hugo Chávez puso en marcha el proceso de desestabilización de la democracia en la región y terminó configurando el socialismo del siglo XXI que hoy ocupa Cuba, Venezuela, Ecuador, Bolivia y Nicaragua, que controló la Argentina de los Kirchner, que somete cuanto menos la política exterior de los países que conforman Petrocaribe, que destrozó la OEA, y que ha neutralizado por temor, conveniencia o prudencia a casi todos los restantes gobiernos. El aporte castrista fue su metodología dictatorial y su concepción expansionista basada en el foquismo sesentista (violento pero electoral en lugar de guerrillero), con prácticas de populismo, discurso de izquierda y antiimperialista, nutrido con miles de millones de dólares aportados por Chávez, protegidos por los gobiernos del PT del Brasil.

Muerto Chávez, el proyecto quedó en manos de Castro, trasladando el liderazgo de la región a poder de la dictadura cubana que lo ejerce ahora mismo.

El eje de confrontación entre el socialismo del siglo XXI y la democracia no es entre la izquierda y la derecha, como pretende la propaganda dictatorial, la confrontación es entre la libertad y la dictadura. La mayoría de los partidos y líderes de izquierda, que en principio adhirieron al proyecto en Venezuela, Ecuador, Bolivia y Nicaragua, forman hoy parte del exilio, de la resistencia perseguida o de la oposición. Gobiernos de izquierdas democráticas, como los de Uruguay, Chile y propio Brasil, han mantenido la institucionalidad, no han suplantado sus constituciones políticas, no se han perpetuado en el poder y no tienen presos ni exiliados políticos. Las dictaduras del socialismo del siglo XXI no son un proyecto de izquierda, nada tienen que ver con lo popular ni con la lucha contra la pobreza, se trata de gobiernos a perpetuidad en manos de caudillos que aplican la franquicia de la dictadura castrista, a la que están subordinados, que es más bien fascismo que socialismo. Los dos grandes disfraces e imposturas del socialismo del siglo XXI son la apariencia de la democracia fundada en la manipulación electoral, y su pretendida posición de izquierda que sólo produce más pobreza y dependencia.

El 2016 encuentra al socialismo del siglo XXI en crisis económica y política. En lo económico, aún con información manipulada, basta ver lo que pasa en Cuba y Venezuela, lo que tiene Ecuador y lo que viene en Bolivia y Nicaragua. En lo político los pueblos han perdido el miedo, la prensa libre lucha por recuperar espacios y la opinión pública les es grandemente adversa; los niveles de popularidad de los dictadores, aún con encuestas digitadas, son penosos; su poder se funda en su aparato represivo, en la corrupción y en el miedo. Han perdido Argentina y han sido parcialmente derrotados en Venezuela, Bolivia y Ecuador. Pero aún tienen el poder absoluto, controlan todos los órganos del estado, la corrupción es uno de sus elementos esenciales, el narcotráfico ha sido expandido, y están dispuestos a todo porque deben "permanecer en el poder como única forma de tener impunidad".

Esto marca la agenda democrática latinoamericana del 2016, que consiste en continuar la lucha por los principios y valores de la libertad y la democracia. Denunciar la existencia y utilización de los sistemas de justicia para la persecución política, las masacres, los presos y exiliados políticos por los que son gobiernos violadores de los derechos humanos, demostrar el control absoluto de todos los poderes públicos y la extinción del "estado de derecho", poner en evidencia que se trata jefes y gobiernos que han institucionalizado la corrupción, denunciando los casos cuyo encubrimiento local no los salva del desprecio de la opinión pública nacional e internacional, mientras sus pueblos tienen cada vez mayores necesidades; verificar el alto grado de violación de la libertad de prensa, de la manipulación de la información, de la extorsión y amedrentamiento de que han sido y son víctimas los periodistas y propietarios de medios; poner atención en el crecimiento del narcotráfico, en producción, tráfico y consumo, al punto de demostrar las denuncias de que se han constituido narcoestados, reclamar que los presidentes, gobiernos y políticos de los países democráticos de la región sigan el camino de Argentina y Costa Rica, y reclamen la democracia, no sólo en Venezuela, sino en Cuba, Ecuador, Bolivia y Nicaragua.

De esta forma, el 2016 los venezolanos retirarán del poder al dictador Maduro y su gobierno títere del castrismo, los bolivianos le dirán NO a Evo Morales en su propósito de prórroga, marcando su inevitable salida del gobierno y el NO a la impunidad que busca, los ecuatorianos crearan las condiciones para que Rafael Correa pierda el Gobierno en la elecciones de febrero del próximo año, los nicaragüenses lograrán evitar que el castrismo siga operando descaradamente por medio de Daniel Ortega para torturar al pueblo cubano que huye, y los cubanos podrán recuperar su patria para no tener que ser el exilio más numeroso de la historia en la región. La agenda del 2016 es democracia para todos.

*11 de enero de 2016*

# DICTADURAS DEL SIGLO XXI

## La falacia final del dictador Evo Morales

*Luego de casi once años, convertido en dictador y derrotado en el referéndum del 21 de febrero pasado, Evo Morales desafía al pueblo boliviano para permanecer indefinidamente en el poder, en lo que históricamente es su falacia final*

Como todos los gobernantes del socialismo del siglo XXI (SSXXI), Evo Morales llegó al poder y lo ejerce en base a propuestas, ofertas, compromisos, promesas, proyectos y políticas, cuya falsedad e impostura están probados por la realidad objetiva. El proyecto castro-chavista en América Latina presentó al jefe de los cocaleros de Bolivia como indígena democrático y —derrocamiento del presidente constitucional por medio— lo llevó a la Presidencia de la República de Bolivia para que la destruyera y suplantara con lo que hoy es su estado plurinacional. Luego de casi once años, convertido en dictador y derrotado en el referéndum del 21 de febrero pasado (21F), Evo Morales desafía al pueblo boliviano para permanecer indefinidamente en el poder, en lo que históricamente es su falacia final.

Una falacia es "engaño, fraude o mentira". Es el "hábito de emplear falsedades en daño ajeno" y eso es precisamente lo que la metodología castrista ha impuesto como regla de acción política en Venezuela, Bolivia, Ecuador y Nicaragua, sus países satélites del SSXXI. Se presentaron como liberadores de sus pueblos y los han sumido en la crisis y en la pobreza, retrasándolos por décadas; se ofrecieron como honestos servidores y han enriquecido como maestros de la corrupción y el latrocinio transnacional organizado; se llenaron la boca de antiimperialismo y sometieron a sus pueblos a la dependencia, el hambre, la miseria y el neo colonialismo; hablaron de desarrollo y convirtieron sus países en narco estados, países de tránsito y consumo de droga; propusieron independencia y han adquirido deudas indeterminadas que hipotecan las próximas generaciones.

En el caso de Bolivia, como parte de las falacias, presentaron como indígena al mestizo boliviano Morales fruto de la Revolución Nacional de 1952; vendieron como campesino al productor cocalero y defensor del narcotráfico; lo disfrazaron de pacifista pretendiendo incluso el premio Nobel de la paz para el más violento caudillo responsable decenas de crímenes como cocalero y de mas de veinte masacres sangrientas en su gobierno; dijeron que era aimara del individuo que no habla ninguna lengua nativa del territorio boliviano y menos el aimara; ofrecieron profundizar la democracia e impusieron su modelo dictatorial, confesando públicamente que "sometidos a la ley a veces casi no se puede hacer nada" y que "le mete no más".

Evo Morales ofreció cambio y lo produjo pero para mal, pues representa corrupción, crisis, despilfarro de los recursos públicos, incapacidad, desinstitucionalización, dependencia, deuda, amenazas, presos políticos, perseguidos y exiliados políticos, menos libertad, periodistas despedidos, nuevos ricos por corrupción, menos transparencia, control de todos los poderes del estado, ausencia de estado de derecho, violación de los derechos humanos, fraude electoral, control de prensa, enajenación de los recursos y del patrimonio nacionales, sicariato judicial, inseguridad ciudadana, narco estado con incremento del consumo de drogas, dependencia.

Cambió la República de Bolivia y la libertad de los bolivianos por un estado de modelo castrochavista para simular que hay democracia y perpetuarse en el poder. Reemplazaron las instituciones republicanas por el capricho de Evo Morales y su entorno complacientes y corrupto que se disputa el control absoluto de todo lo que pueda darle más poder y mas dinero mal habido.

Entre los resultados se tiene a Bolivia entre los tres países mas corruptos de la región, es el segundo productor de coca y cocaína del mundo, es una amenaza de seguridad y narcotráfico para todos sus vecinos, es parte de las cinco dictaduras del denominado SSXXI, en crisis económica creciente, no hay prensa libre, sin ningún indicio de transparencia, tiene mas de 1.200 exiliados en seis países del mundo, centenas de perseguidos, decenas presos político y crímenes de estado. Evo Morales se jacta de haber roto el record de gobernar por mas de diez años, sin explicar que para llegar a ese término ha cometido un verdadero "concurso delictivo", desde delitos contra la moral pública, delitos contra la Patria, hasta delitos de lesa humanidad, dividiendo al pueblo boliviano, masacrando a los que resistieron y entregando la soberanía nacional con hechos armados perpetrados por intervención extranjera. El pueblo lo sabe y por eso lo llama "el gobierno de la mentira" y quiere que se vaya pronto.

Luego de haber impuesto su propia constitución y haberla violado para seguir de jefe de estado, el 21F el pueblo le dijo "no mas Evo", dándole una oportunidad de salida. Pero los dictadores no se van, por eso Morales ensaya ahora otra falacia para habilitarse nuevamente como candidato en la farsa electoral que tiene montada. Se trata de maniobras de apoyos sindicales y de movimientos alentados por la corrupción y el caciquismo, con sus autoridades electorales y judiciales listas para prevaricar, con propaganda nacional e internacional pagada, con costosos relacionistas públicos, lobbies y presiones de todo tipo. Es el aparato de la corrupción funcionando para sostener la "impunidad" como única garantía frente a la rendición de cuentas que reclaman los bolivianos. El terror oficialista es que si Evo deja el poder y se restablece la democracia, el entorno y los nuevos ricos de la "evoburguesía" no tienen escapatoria.

Por eso, aún si la manipulación resulta, Evo Morales no podrá beneficiarse de ella porque ya no existen condiciones sociales, políticas, económicas, ni internacionales. El SSXXI está en su etapa terminal y su dictador cocalero no es la excepción. Para Evo Morales es solo una falsedad más y está acostumbrado a ser exitoso mintiendo, pero para los bolivianos es la falacia final.

*18 de diciembre de 2016*

## La falta de democracia destruye, somete, empobrece y mata

*Chávez y Maduro han convertido a Venezuela en colonia castrista con denominación de república bolivariana, es ejemplo de destrucción extrema y construcción de un narco estado.*

Si tendríamos que resumir en una palabra el sentido y objeto de la democracia, la más adecuada seria "libertad". Ese principio, ese valor, esa necesidad inmanente al ser humano que solo tiene por límite la libertad y el derecho de los demás. Por eso los regímenes dictatoriales aprisionan al ser humano, lo someten, lo subordinan, lo despersonalizan, lo manipulan, lo reducen a la miseria, no respetan la vida. La fase final de las dictaduras del socialismo del siglo XXI (SSXXI), en Cuba, Venezuela, Ecuador, Bolivia y Nicaragua, es hoy la prueba que la falta de democracia destruye, somete, empobrece y mata.

Para evitar las dictaduras, los elementos esenciales de la democracia representan la substancia en garantía de la libertad por medio del respeto a los derechos humanos, la división e independencia de los órganos del poder público, la vigencia del estado de derecho, las elecciones libres y fundadas en el voto universal y secreto, y la libre organización política y social. La ausencia de estas características produce efectos devastadores que hoy son patentes en las cinco dictaduras del SSXXI. Algunos datos de estos regímenes auto proclamados anti imperialistas —que pueden ser ampliados por las víctimas— lo demuestran:

Luego de casi 58 años de dictadura Cuba es un país destruido, un pueblo sometido, obligado a llorar y rendir homenaje a la muerte de su verdugo. Vemos una población empobrecida y en la miseria con una pequeña elite enriquecida y en control de toda la propiedad y medios de producción; se trata de una oligarquía fundada en la corrupción, al extremo que la revista Forbes estima en mas de 900 millones de dólares la fortuna de Fidel Castro. Es un pueblo sometido, cuya juventud tiene como máxima aspiración salir al mundo libre arriesgando la vida con rigores extremos como embarcarse en una balsa o peregrinar por selvas y territorios hostiles. Se trata de una dictadura que además de matar a su propio pueblo con fusilamientos, asesinatos, torturas, cárcel y exilio, ensangrentó América Latina y otras regiones por décadas, al principio con invasiones, guerrillas, extorsiones, terrorismo y narcotráfico, y luego con lo mismo pero además con dinero venezolano con el que han creado lo que hoy se conoce como SSXXI.

Chávez y Maduro han convertido a Venezuela en colonia castrista con denominación de república bolivariana, es ejemplo de destrucción extrema y construcción de un narco estado. El país petrolero más rico sufre crisis humanitaria donde la gente muere por falta de medicinas y alimentos, y la dictadura extorsiona y trafica con las mismas calamidades y necesidades que ha producido. La dictadura venezolana mata de hambre por carestía alimentaria y medicinal, por crimen organizado, por política de estado, por represión, persecución y exilio. Tiene presos políticos que son rehenes y engaña al mundo con la manipulación de una oposición a la que asfixia, utiliza y extorsiona. Con la dirección castrista digita exgobernantes amigos de la dictadura e incluso al Vaticano para mantenerse en el poder, haciéndolos cómplices y encubridores de sus crímenes.

La República de Bolivia ha sido destruida, liquidada y suplantada con el denominado estado plurinacional cuyo principal objetivo es la división de la nación boliviana en fracciones que puedan ser confrontadas entre sí, aplicando la metodología castrista de control político. El dirigente cocalero Evo Morales ha construido un narco estado centralista y personalista donde él es la ley. El país va en una espiral de crisis económica, mitigada temporalmente por los efectos de la economía de la coca. Morales es responsable de más de 20 masacres sangrientas además de las cometidas antes de tomar el poder incluyendo sus crímenes de octubre de 2003. Con su corrupción de estado, la ausencia absoluta de legalidad e institucionalidad acaba de producir 71 muertos en el siniestro del avión LAMIA, empresa que nunca hubiera podido obtener —en un país con democracia— un permiso de operación y menos un plan de vuelo que condenó a la muerte a tripulantes y pasajeros; el dictador dijo que no sabía nada y luego marcó los chivos expiatorios con los que —sicarios judiciales de por medio— pretende quedar nuevamente en la impunidad.

En Ecuador, Rafael Correa ha destruido la institucionalidad y la economía. Tiene la ley mordaza más rigurosa de todas las dictaduras, ha confiscado, allanado y se ha apropiado indebidamente, persiguiendo, enjuiciando y encarcelando ciudadanos y periodistas. Ejerce la represión mediática, el asesinato de la reputación y la enajenación de recursos nacionales, en especial el petróleo cuya corrupción pretende encubrir persiguiendo a los denunciantes con manipulación judicial. Se sostiene por el sistema dolarizado que ya no puede liquidar, aumentando impuestos, con una deuda que marca el empobrecimiento nacional por décadas. Sus víctimas son opositores, servidores públicos, periodistas, empresarios y exiliados. Navega sobre un mar de corrupción que tiene que ver con daños al estado, obligaciones de indemnizar, denuncias de enriquecimiento y hasta crímenes violentos. Ahora se esfuerza por instituir un títere para que lo encubra y garantice su retorno.

Daniel Ortega en Nicaragua con su disfraz de demócrata como parte de los gobiernos castristas del SSXXI, luego de aprovechar lo más posible los recursos venezolanos, empobrece aceleradamente a los nicaragüenses cuya migración al norte se incrementa en directa relación al crecimiento de la miseria y la inseguridad. Ya viene de matar en su etapa de guerrillero. Ha liquidado la participación política y con el control de prensa somete a un pueblo que lo ve hoy como el dictador más peligroso y corrupto, que ha superado cualquier precedente.

*11 de diciembre de 2016*

## La persecución política es un problema de toda la sociedad

*"En democracia no puede existir persecución política, pero en los regímenes dictatoriales del socialismo del siglo XXI se trata de una práctica fundamental en el ejercicio y para la permanencia indefinida en el Gobierno"*

En democracia no puede existir persecución política, pero en los regímenes dictatoriales del socialismo del siglo XXI se trata de una práctica fundamental en el ejercicio y para la permanencia indefinida en el gobierno. La ausencia de "división e independencia de los órganos del poder público" y la eliminación del "Estado de derecho", son el marco para la sistemática violación de los derechos humanos de ciudadanos cuya condena está previamente señalada. La persecución política destroza la organización democrática para reemplazarla por el miedo como mecanismo de control social y no afecta solamente al perseguido, es un problema de toda la sociedad.

La persecución en los regímenes no democráticos tiene la acepción de presionar, "molestar, conseguir que alguien sufra o padezca procurando hacerle el mayor daño posible", pues se trata de causar molestia de manera continua, acosándolo. La persecución política está constituida por un "conjunto de acciones represivas o maltratos persistentes, realizadas por un gobierno sobre un individuo o grupo del cual se diferencia por la manera de pensar o por determinadas características políticas o de otro tipo". La viuda del asesinado líder cubano Osvaldo Payá, enseña que "la persecución política es la consecuencia directa de la discriminación política que sufren todas las personas que tiene el valor disentir del poder político establecido por la fuerza bruta, la trampa o por ambos..."

La historia demuestra que la sociedad y los ciudadanos no toman en serio la persecución política hasta que les toca, esto es hasta que son perseguidos, hasta que la violación sistemática y premeditada de los derechos humanos los afecta. La persecución de los judíos por el nazismo fue soslayada e incluso deliberadamente ignorada por los mismos miembros de la comunidad afectada hasta que fue demasiado tarde. Las dictaduras demuestran que la persecución política solo se evita con la vigencia de los elementos esenciales de la democracia: la división e independencia de poderes, el Estado de derecho, el respeto a los derechos humanos y las libertades fundamentales. Con un sistema de frenos, contrapesos y balances al poder, con jueces imparciales, con alternancia en el poder, con obligación de rendición de cuentas, con prensa libre, con la vigencia de la Constitución y la ley preexistentes por encima de la voluntad del gobernante.

La persecución implacable y sangrienta del castrismo es el medio de control de una sociedad reducida a la miseria que se ha convertido en producto de exportación trasladado a los gobiernos no democráticos de Venezuela, Bolivia, Ecuador y Nicaragua donde la persecución política se ha refinado asumiendo la simulación democrática de la acusación judicial por supuestos crímenes. Esta situación recurrentemente denunciada por las víctimas en los países afectados se denomina hoy "la criminalización de la política", la "judicialización de la represión", el "sicariato judicial". Existe, está en plena ejecución y sirve para achacar a las víctimas los delitos que cometen los convertidos en acusadores. En muchas ocasiones han sido precedidos o acompañados de declaraciones públicas en cadenas nacionales realizadas por Chávez, Maduro, Correa, Morales y Ortega. La naturaleza política de la persecución está señalada por el propio régimen.

Las víctimas de persecución política en la dictaduras del socialismo del siglo XXI son presos políticos, exiliados o permanecen acosados, bajo la presión de juicios en los que se viola el derecho a la defensa, la irretroactividad de la ley, el principio de juez imparcial, la presunción de inocencia, la valoración de la prueba, la propiedad privada, el derecho al trabajo y en general todos los derechos humanos que hacen al debido proceso de ley. La persecución política está acompañada del "asesinato de la reputación", esto es, el destrozo premeditado de la imagen pública del perseguido mediante propaganda, infamias y señalamientos atroces que repetidos por el jefe de gobierno y los múltiples voceros oficialistas, con el control de medios, hacen que el perseguido antes de poder defenderse ya esté condenado y obviamente con sus opciones de defensa reducidas al mínimo, cuando no liquidadas.

Algunos casos notables muestran en Venezuela a Leopoldo López como la víctima mas importante; hay decenas más de presos políticos, miles de exiliados y procesados con los que el dictador Maduro negocia hoy su ilegal permanencia en el poder. En Ecuador, el vicealcalde de Quito sentenciado por —dizque— desacreditar la honra del presidente Correa; Francisco Endara condenado a prisión por aplaudir y forzado al exilio; Sebastián Ceballos a prisión por un tuit; el periodista Palacio exiliado por acción directa de Correa; el Gobierno señalado por la ONU como responsable de la violación del debido proceso de los empresarios Isaías, forzados al exilio. En Bolivia, el presidente Sánchez de Lozada y su Gobierno siguen perseguidos y acusados de los crímenes cometidos por Evo Morales y sus cómplices para derrocarlos, y Morales se ampara en una amnistía que es la confesión de sus delitos; más de 1.200 perseguidos forzados al exilio; decenas de presos políticos que incluyen al Alto Mando Militar de 2003, al Gobernador de Pando y al Gral Gary Prado, que apresó al Che Guevara; más perseguidos para buscar transacción o sumisión para el continuismo indefinido de Morales, desconociendo el NO del referéndum 21F, con acusaciones retroactivas contra Doria Medina, ya enjuiciado, cautelado y denunciando persecución. En Nicaragua, los medios de comunicación silenciados como ha denunciado Freedom House; el Tte Yaader Nicolás encarcelado por comentar la represión contra campesinos; los equipos de Radio Oyanka decomisados y su licencia cancelada; Ortega y su cónyuge simulando elecciones luego de eliminar la oposición.

*06 de noviembre de 2016*

## Mando militar venezolano,
## prueba de dictadura y crisis terminal

*Lo que han hecho el general Vladimir Padrino López como Ministro de la Defensa y los militares que lo acompañaron en la declaración pública del 25 de octubre de 2016 —en uniforme de campaña— es demostrar su militancia política, su alineación y subordinación al proyecto político iniciado por Hugo Chávez y ahora a cargo de Nicolás Maduro*

La declaración pública del Ministro de la Defensa y el alto mando de la Fuerza Armada Nacional Bolivariana de Venezuela ratificando su lealtad a Nicolás Maduro y al proyecto político iniciado por Hugo Chávez, produce un efecto contrario al buscado por sus planificadores y autores, ya que lejos de fortalecer al Gobierno es la prueba total de la dictadura venezolana, de la militarización de la política y de problemas militares internos. Tratando de ayudar o no, los militares venezolanos han dado la prueba de dictadura y señal de crisis terminal del régimen.

De acuerdo al Artículo 328 de la Constitución de la República Bolivariana de Venezuela "la Fuerza Armada Nacional constituye una institución esencialmente profesional, sin militancia política, organizada por el Estado para garantizar la independencia y soberanía de la Nación y asegurar la integridad del espacio geográfico". Las fuerzas armadas no deliberan. La Ley Orgánica de la Fuerza Armada Nacional dictada por Hugo Chávez, establece en su Artículo 6 que el "presidente de la República tiene el grado militar de Comandante en

Jefe y es la máxima autoridad jerárquica de la Fuerza Armada Nacional Bolivariana, ejerce el mando supremo de ésta dirige el desarrollo general de las operaciones, define y activa el área de conflicto, los teatros de operaciones designando a sus respectivos comandantes y fijándoles la jurisdicción territorial".

El Artículo 11 de la misma ley señala que "el Ministerio del Poder Popular para la Defensa es el máximo órgano administrativo en materia de defensa militar de la Nación, encargado de las políticas, estrategias, planes, programas y proyectos del sector Defensa".

Lo que han hecho el general Vladimir Padrino López como Ministro de la Defensa y los militares que lo acompañaron en la declaración pública del 25 de octubre de 2016 —en uniforme de campaña— es demostrar su militancia política, su alineación y subordinación al proyecto político iniciado por Hugo Chávez y ahora a cargo de Nicolás Maduro. Le han dado broche de oro de confesión pública al terminar su intervención con el grito castrista "hasta la victoria siempre" y la exclamación "Chávez vive". Simplemente han ratificado la naturaleza dictatorial del Gobierno de que esos militares de la foto forman parte, han reafirmado públicamente que violan la Constitución, y la ausencia de institucionalidad. Le han dicho al mundo que las fuerzas armadas de Venezuela, con ese mando, están al servicio de un Gobierno no democrático y no al servicio de la Nación.

Se trata de una declaración de subalternos dando "incondicional lealtad" al comandante en Jefe, al presidente, expresando apoyo político y pronunciándose en contra del "acuerdo para restituir el orden constitucional" de la Asamblea Nacional, haciendo un "llamado a la seriedad" con visos de amenaza. Cuando un presidente o comandante en jefe —el competente para dar las órdenes como establece el sistema jurídico constitucional— necesita apoyo, respaldo o ratificación de lealtad de sus subalternos a los que ha nombrado y a los que puede destituir en cualquier momento, la relación de mando queda invertida porque el jefe pasa a depender de los inferiores y esto convierte a la organización militar en sindicato, partido político o mafia, muy lejos de la fuerza institucional establecida por la Constitución. Esta es una característica histórica de las dictaduras militares.

Un jefe de gobierno que necesita respaldo de sus subalternos y que acepta la ruptura de la línea de mando institucional con el agrado demostrado por Nicolás Maduro, acaba de aportar la prueba máxima de su debilidad. Todo esto se produce por la falta de apoyo popular frente a la "crisis humanitaria", por la decisión del régimen de suprimir el referéndum revocatorio para 2016 demostrando su control sobre los poderes judicial y electoral. Si alguna prueba faltaba de que Maduro perpetró un "golpe de estado" mandando evitar el referéndum revocatorio, la "escena militar setentista del (General) Padrino y sus mandos" ha despejado toda duda: hoy Venezuela está bajo el control de una dictadura militarizada.

Pero lo más grave es lo que no se ha visto. Un mando militar que realiza una presentación de lealtad y reafirmación, es un mando que envía un mensaje al interior de las Fuerzas Armadas porque tiene crisis, con graves problemas internos, con cuestionamientos de oficiales, suboficiales y personal que reclama por el cumplimiento de la Constitución, que pide evitar la confrontación entre venezolanos, que no está dispuesto a combatir contra sus propias familias defendiendo un Gobierno que representa hambre e intervención cubano castrista en las propias Fuerzas Armadas y del país. En la Fuerza Armada Nacional de Venezuela existen hombres y mujeres que no están mas dispuestos a arriesgar sus vidas, sus familias ni su carrera para servir a una cúpula de nuevos ricos y corrupta, que ha traicionado la patria. Son los militares venezolanos de honor que han jurado a la bandera y a la nación y no a los bandidos y al narcoestado. Son los militares cansados de ver la intromisión de la Cuba castrista y el entreguismo; son los que no tienen mando militar cupular pero tienen armas.

Es cuestión de tiempo, porque en las condiciones actuales el pueblo venezolano terminará recordando la presentación de Padrino y su mando militar en uniforme de campaña, como la señal de la derrota final de la dictadura, el momento en que se vio la crisis terminal de un régimen sin mas salida que devolver el poder al pueblo para que lo ejerza en libertad y democracia.

*30 de octubre de 2016*

# En 13 años, de la República de Bolivia al narcoestado plurinacional

*Octubre de 2003 fue solo el comienzo de la ejecución del plan para acabar con la República y destrozar la Nación Boliviana*

Cuando el 17 de octubre de 2003 las acciones criminales lideradas por el dirigente cocalero Evo Morales y la traición de Carlos Mesa forzaron la renuncia del Presidente Constitucional, Bolivia era una República independiente fundada en la "nación boliviana", vivía en democracia desde 1982 con alternancia en el poder, con libertad de prensa, con división e independencia de poderes, con cortes electorales imparciales, con estado de derecho, con Fuerzas Armadas institucionalizadas, con políticas de estado en el ámbito económico, educativo, social y de lucha contra el narcotráfico, con instituciones independientes, luchando para salir del subdesarrollo. Trece años después, es una dictadura del socialismo del siglo XXI en crisis y narco estado plurinacional.

República es un "sistema político que se funda en el imperio de la ley, en la igualdad ante la ley como freno al poder, al gobierno y a las mayorías, en el que la máxima autoridad cumple funciones por un tiempo determinado y es elegida por los ciudadanos". Nación es "una comunidad humana con características históricas, de tradiciones y cultura compartidas, en un mismo territorio y Estado, se trata de una "concepción política entendida como el sujeto en el que reside la soberanía del Estado". La "nación boliviana" es la identidad política y sociológica que une a todos los habitantes de Bolivia —bolivianos—

por el mismo origen territorial, por el mestizaje de mas de 500 años, es una identidad fundada en los vínculos culturales, de lengua, costumbres, religión y la historia comunes. Es el proceso político-social iniciado en 1952 con la Revolución Nacional que incorporó a la ciudadanía a todos los bolivianos reconociéndolos como ciudadanos en democracia con el voto universal, la reforma agraria, la educación gratuita y obligatoria.

Octubre de 2003 fue solo el comienzo de la ejecución del plan para acabar con la República y destrozar la Nación Boliviana. Para eso los conspiradores triunfantes en el gobierno se otorgaron ellos mismos "amnistía" (decretos supremos 27234 y 27237) por los delitos que cometieron en la sedición, conspiración y derrocamiento, excluyéndose de toda investigación y convirtiéndose en acusadores. Luego enjuiciaron y persiguieron al Presidente, ministros y alto mando militar constitucionales, como primer paso para terminar con el sistema político de la democracia. Desde entonces y con diversos pretextos han criminalizando la política y judicializando la represión contra todos los líderes políticos, cívicos, indígenas, periodistas y ciudadanos que consideren oposición real. Hoy existen mas de 1.200 exiliados y decenas de presos políticos bolivianos. En su gobierno Evo Morales es responsable por mas de 20 masacres en las que no tiene "amnistía" como la que lo ampara por octubre de 2003.

La Constitución Política que solo permitía su "reforma parcial", fue violentada para convocar una Asamblea Constituyente, y cuando ésta se celebró no lograron los votos ni texto que necesitaban para liquidar la República de Bolivia y la Nación Boliviana. Entonces cometieron "usurpación de funciones" y "suplantación constitucional" con la Ley 3941 de 21 de octubre de 2008 por la que redactaron su nueva constitución en comisión secreta y la aprobaron en el Congreso Ordinario arrogándose la facultad de "realizar los ajustes necesarios…por ley especial del Congreso"!! El criminal texto de la ley

3941 es la mejor prueba de la nulidad de la constitución del Estado Plurinacional de Bolivia, en base a la que el socialismo del siglo XXI institucionalizó la dictadura de Evo Morales.

La constitución del Estado Plurinacional, liquidó la República e impostó 36 naciones para dividir la Nación Boliviana y acabó con las instituciones de la República cambiándoles el nombre para cesar a sus componentes: la Corte Suprema de Justicia fue reemplazada por el Tribunal Supremo de Justicia, la Corte Nacional Electoral por el Tribunal Supremo Electoral, el Tribunal Constitucional por el Tribunal Constitucional Plurinacional y de esta manera digitaron sus miembros, terminando con la "división e independencia de los órganos del poder publico" y el "estado de derecho". El terrorismo de estado judicial y el fraude electoral son los frutos. Es el modelo previamente aplicado en Venezuela que ha hecho de Bolivia un satélite de la órbita castrista.

Los mismos conspiradores de octubre de 2003, cosecharon la estabilidad económica y la capitalización social legada por los derrocados, se beneficiaron del boom de las materias primas, aplicaron el desarrollismo populista del modelo chavista, institucionalizaron la corrupción y la impunidad convirtiéndose en nuevos ricos con palos blancos como dueños de empresas y medios de comunicación. Llevaron al país a la crisis económica que la dictadura ya acepta. Hoy Bolivia —entre otros logros de los sediciosos del 2003— importa 140% mas alimentos que hace 10 años, tiene el peor puesto en Sudamérica en el índice hambre, es sub campeón mundial de corrupción según el Foro Económico Mundial, ha colapsado su producción de gas, han otorgado mas beneficios que nunca a las transnacionales petroleras, tiene la deuda externa e interna récord de la historia, no tiene inversión externa, no existe independencia del Banco Central, digita políticamente los indicadores económicos, es "una satrapía del imperio chino".

Evo Morales el exitoso sedicioso del 2003, líder perpetuo de los cocaleros y jefe del estado plurinacional defiende airadamente en la ONU y donde puede a la coca y al narcotráfico. Sostiene que "la lucha contra el narcotráfico es un instrumento del imperialismo", ha incrementado mas de quince veces los cultivos de coca ilegal. Todos los países vecinos tienen que defenderse de la creciente amenaza de la droga que se exporta desde el estado plurinacional calificado como "narco estado".

*17 de octubre de 2016*

# Dictadura militar, fase final del Socialismo del Siglo XXI

*El régimen castrista de Cuba es la única dictadura militar que sobrevive a la Guerra Fría en las Américas, luego del cambio del paradigma de la seguridad nacional y de la disolución de la Unión Soviética*

La estrategia de los regímenes de Venezuela, Ecuador, Bolivia y Nicaragua de presentarse como democracias ha sido derrotada con la prueba de las suplantaciones constitucionales, la inexistencia de estado de derecho, la violación institucionalizada de derechos humanos y libertades fundamentales, el control de todos los poderes del estado, la judicialización de la represión política, la existencia de presos y exiliados políticos, el fraude electoral y la violación de la libertad de prensa. Conforme se agravan las crisis a las que han llevado a sus pueblos, estas dictaduras que se establecieron a partir de la toma del poder por elecciones, se acercan mas al modelo militar de la dictadura cubana. Como ya sucede con Venezuela, la dictadura militar se ha planteado como la fase final del socialismo del siglo XXI.

La "dictadura es la forma de gobierno en la que se concentra todo el poder en una persona o en una élite", no hay división de poderes, se ejerce el poder arbitrariamente, no existe estado de derecho, se violan los derechos fundamentales y la oposición no tiene opción de llegar institucionalmente al poder. Una "dictadura militar" es "una forma de gobierno autoritario que tiende al totalitarismo, en la cual en mayor o menor grado los órganos del poder público y sus instituciones son controladas por miembros de las fuerzas armadas que impiden cualquier forma de control democrático". La dictadura militar está caracterizada por la condición militar de los individuos que ejercen el poder e históricamente por la forma violenta en la toma del gobierno.

El régimen castrista de Cuba es la única dictadura militar que sobrevive a la guerra fría en las Américas, luego del cambio del paradigma de la seguridad nacional y de la disolución de la Unión Soviética. Al comenzar el siglo XXI la dictadura militar castrista parecía destinada a su inminente desaparición, pero el auxilio de Hugo Chávez —el militar golpista que llegó a la Presidencia de Venezuela por elecciones— la salvó de su "periodo especial" y le permitió recrear su proyecto de expansión regional con tanto éxito que luego de la muerte de Chávez, Cuba lidera políticamente la región. Por la acción política de la dictadura militar de Cuba, América Latina ha sufrido —en lo que va del siglo— el deterioro y la amenaza de su sistema democrático que parecía consolidarse a fines del siglo XX. Se ha expandido la dictadura a costa de la democracia.

Por la inspiración marxista y las características estatistas, autoritarias y centralistas, sumadas a la exorbitante corrupción, narcotráfico incluido, el modelo económico castrista ha llevado y lleva a los países de su órbita a crisis económicas, políticas y sociales irreversibles. La crisis ha servido para quitar el disfraz de democracia a las dictaduras del socialismo del siglo XXI, ha generado condiciones para que los pueblos reaccionen y se empoderen en la lucha por recuperar su libertad y retornar a la democracia. La mas importante de esas crisis se vive hoy en Venezuela donde la naturaleza dictatorial del gobierno de Nicolás Maduro ha sido probada y certificada por la activación de la Carta Democrática Interamericana en base al informe Almagro.

El pueblo venezolano reclama el derecho a que se convoque en el año 2016 al referéndum revocatorio que ciertamente terminaría con el gobierno de Maduro, pero la posición castrista es la de resistir a toda costa, porque a ellos les ha funcionado. Las dictaduras no toman el poder para dejarlo, su objetivo fundamental es el ejercicio indefinido del gobierno como lo hacen los dictadores Castro en Cuba desde hace mas de 57 años, y es por eso que han puesto en ejecución en Venezuela, la fase superior del socialismo del siglo XXI que es el establecimiento de una dictadura militar, como la de Cuba, que se funda únicamente en el "control efectivo del poder". Lo que para los dictadores es la fase superior de su sistema de opresión, es simplemente la fase final o terminal de sus abusos.

Venezuela vive hoy el proceso de pasar a esa fase del socialismo del siglo XXI, que consiste en ser convertida en una dictadura militar. Por eso el general Padrino cogobierna con Maduro, o tal vez sobre Maduro; por eso frente al rechazo de cerca del 90% del pueblo venezolano a Maduro, son los militares los que se han hecho cargo de la economía y del control de alimentos y artículos esenciales para la malograda vida de los venezolanos; por eso se alienta en Venezuela la opción de abandonar la Patria con un resultado de que el 60% de los venezolanos quieren irse de su país (casi como los cubanos si estos pudieran ser encuestados); por eso los militares con vinculaciones al narcotráfico permanecen impunemente en sus mandos; por eso además de militares, se permiten grupos para militares que son simplemente mafiosos.

El castrismo quiere, que si hay referéndum revocatorio en Venezuela, éste se haga el 2017 para que el vice presidente de Maduro se quede al mando. Ese sucesor será ciertamente un militar. La dictadura cubana sabe que una dictadura solo se sostiene por la fuerza y que para mantenerla ahora en Venezuela y luego en Ecuador, Bolivia y Nicaragua, los elementos de reemplazo deben ser miembros de esa fuerza. De esta manera evitan además el peligro de acciones militares de restauración democrática. La diferencia entre que la dictadura militar sea la fase superior o fase final o terminal de las dictaduras del socialismo del siglo XXI, está por verse.

*18 de septiembre de 2016*

# La batalla de Venezuela es para toda América Latina

*"Las condiciones internacionales a favor del pueblo venezolano están dadas gracias al valiente cumplimiento de sus obligaciones del secretario general de la OEA"*

El pueblo venezolano soporta una dura crisis y lucha por su libertad para recuperar la democracia que le ha sido arrebatada por una mezcla de intervencionismo externo y alta traición a la patria. Ya no existe ninguna duda que el Gobierno venezolano es una dictadura y que Nicolás Maduro está dispuesto a cualquier cosa por mantenerse en el poder, siguiendo las instrucciones y estrategia del castrismo al que ha sometido y entregado la independencia y la riqueza de la Nación. En estas circunstancias se está librando la "batalla de Venezuela" entre el pueblo que quiere pan y libertad contra la dictadura que quiere continuismo e impunidad. Su resultado —que será evidente en breve— marcará el destino de toda la región. La batalla de Venezuela es para toda América Latina.

Una batalla es un combate, "una acción o conjunto de acciones ofensivas destinadas a la obtención de un objetivo". En una batalla se confrontan dos fuerzas, dos oponentes, dos posiciones contrarias y el resultado busca sostener o modificar la situación motivo de la disputa. Hoy en Venezuela el pueblo ha sido llevado al punto en que no tiene más remedio que luchar para recuperar las mínimas condiciones de vida con pan y libertad. Se trata de una confrontación inevitable para los venezolanos por el capricho de los detentadores del poder político, que instituidos en dictadura e incapaces de proveer las mínimas condiciones de vida al soberano, prefieren amedrentarlo, oprimirlo, humillarlo y forzarlo a una situación que se supera simplemente con la verificación de un referéndum revocatorio este año y la liberación incondicional de los presos políticos.

La impopularidad de Maduro y de su gobierno plagado de corrupción, ineficiencia y prepotencia es tan grande que ha optado por el camino de la militarización de la dictadura. Los componentes locales del gobierno castrochavista, en el ejecutivo, judicial, electoral, administrativo, militar y la casta de boliburgueses han sido convencidos por el poder central de La Habana que no tienen donde ir por la naturaleza y evidencia de los crímenes de lesa humanidad, violaciones a los derechos humanos, narcotráfico y otros que han cometido , y están forzados a resistir permaneciendo en el poder a toda costa, aún sobre el hambre y la miseria del pueblo, pese a la crisis humanitaria de la que son responsables y que buscan encubrir con el sofisma castrista de "guerra económica del imperialismo".

Fue en la Batalla de Carabobo, el 21 de junio de 1821, en que las fuerzas patriotas derrotaron a las coloniales sellando el proceso de emancipación venezolana y abriendo la consolidación de la liberación de Colombia, Ecuador, Perú y Bolivia, que se cerraría en la Batalla de Ayacucho el 9 de diciembre de 1824. Casi dos siglos más tarde, hoy se lucha por la recuperación de la libertad y la democracia en América Latina (en la que existen cinco gobiernos dictatoriales agrupados en torno al castrismo con el rótulo de socialismo del siglo XXI) y la batalla es nuevamente en Venezuela, constituida en el foco de explotación, opresión y fuente de recursos del sistema antidemocrático.

Las posiciones para la "batalla de Venezuela" están en curso. La victoria del pueblo sobre la dictadura castrista es la caída de Maduro y su régimen, la recuperación de la democracia y el principio del fin de los gobiernos dictatoriales en Cuba, Ecuador, Bolivia y Nicaragua. El inevitable triunfo del soberano venezolano, del pueblo, dejará al poder central dictatorial en Cuba sin aliento para sostener el infame como brutal régimen de Fidel y Raúl Castro que ya lleva 57 años y acortará su agonizante gestión; marcará la acelerada desbandada y derrota de Correa, Morales y Ortega, quienes no hubieran podido acceder y sostenerse en el poder sin el dinero venezolano malversado por Hugo Chávez puesto en manos del criminal aparato político castrista.

Las condiciones internacionales a favor del pueblo venezolano están dadas gracias al valiente cumplimiento de sus obligaciones del secretario general de la Organización de Estados Americanos (OEA). El secretario Almagro con su equipo jurídico, ha demostrado las violaciones del Gobierno de Venezuela a todos los elementos esenciales de la democracia, ha presentado un caso y ha logrado activar la Carta Democrática Interamericana respecto a Venezuela, ha agotado la mediación y la conciliación incluso por medio de los operadores impuestos por Maduro y el castrismo, ha roto el control del castro-chavismo sobre la mayoría de los estados de la OEA logrando un retorno estratégico al respeto de los principios y valores, y finalmente ha establecido que el Gobierno venezolano es una dictadura. Todo esto con valor jurídico de precedente respecto a Cuba, Ecuador, Bolivia y Nicaragua, que en diversos grados tienen exactamente las mismas características de la reconocida dictadura venezolana.

La "Batalla de Venezuela" está en curso y nadie podrá permanecer solamente como testigo, porque en Venezuela están en juego la libertad, la dignidad y la democracia no solo de los venezolanos sino de todos los latinoamericanos y del mundo libre. Si en la Batalla de Venezuela gana la libertad, las consecuencias benéficas serán directas en el corto plazo respecto a Cuba, Ecuador, Bolivia y Nicaragua que no tardarán en cerrar la opresión en un tiempo aún mas breve que el registrado entre Carabobo y Ayacucho. El resto de los pueblos de América Latina habrán ganado con la desaparición de la conspiración y subversión permanentes que ejerce la dictadura castrista como moneda de cambio. El mundo entero verá desaparecer un centro de aliento y vinculación permanente del terrorismo, el narcotráfico, el crimen… Es muy importante entender que la Batalla de Venezuela es para toda América Latina y actuar en consecuencia.

*28 de agosto de 2016*

## Escuela Militar Antiimperialista, amenaza y señal de dictaduras

*La democracia no puede ser inerme, no puede permanecer in-
defensa mientras públicamente las dictaduras tratan de legitimar su discurso de violencia, confrontación y violación de los
derechos humanos*

Los gobiernos de los Castro en Cuba, de Maduro-Padrino en Venezuela, de Morales en Bolivia, de Correa en Ecuador y de Ortega
en Nicaragua han hecho público su control político de las fuerzas
armadas de sus países, han desafiado y despreciado nuevamente a
las democracias del mundo, amenazan y dan otra prueba de que
son dictaduras.

Los regímenes no democráticos de América Latina han inaugu-
rado en Bolivia la "Escuela Militar Antiimperialista", que recoge públicamente e institucionaliza el dogma de la dictadura de Cuba como
base ideológica de los gobiernos de Venezuela, Bolivia, Ecuador y
Nicaragua. Los gobiernos de los Castro en Cuba, de Maduro-Padrino
en Venezuela, de Morales en Bolivia, de Correa en Ecuador y de Ortega en Nicaragua han hecho público su control político de las fuerzas armadas de sus países, han desafiado y despreciado nuevamente
a las democracias del mundo, amenazan y dan otra prueba de que
son dictaduras.

Los objetivos públicamente difundidos de la Escuela Militar Antiimperialista declaran que su creación responde a: "la necesidad de
promover ideas, estudios y debates para construir un pensamiento

que enfrente el dominio cultural, ideológico, político y económico del imperio y sus estructuras capitalistas"; que "busca desarrollar una doctrina de defensa del país, de la región y el continente"; que "se quiere abrir un espacio institucional de discusión y construcción del pensamiento anticolonialista, antiimperialista, anticapitalista de las Fuerzas Armadas y los movimientos sociales"; que "se busca alternativas políticas y económicas que no sean de imposición de un modelo de libre mercado dirigido por la dictadura capital"; y que "se busca conocer la naturaleza del imperio…"

Además de los citados objetivos, han presentado los "lineamientos" para su escuela antiimperialista afirmando: que "el pensamiento anti imperial debe ser para integrar los bloques estratégicos.."; que "las Fuerzas Armadas deben defender de cualquier intervención y asumir la agresión contra uno de los pueblos como agresión de todos"; que *no se comulga con el libre mercado ni con las democracias liberales*, ya que la competencia salvaje permite que los fuertes se coman a los débiles"… ¿Es necesaria mayor confesión o declaración de propósitos?

Como si no fuera suficiente, resumiendo los objetivos y lineamientos de la escuela antiimperialista, el objetivo estratégico y político de Cuba, Venezuela, Ecuador, Bolivia y Nicaragua, el anfitrión Evo Morales ha destacado que "para que este sueño se cumpla necesitamos descolonizarnos y luchar para que no existan imperios", mencionando también que "los medios de comunicación se han convertido en un arma de guerra de ideologización imperial". Lo que viniendo de un jefe de estado que representa la política militar de todo el grupo del socialismo del siglo XXI, además de un acto de reafirmación dictatorial, de absoluto desprecio a la libertad y a la democracia, es simplemente "una declaración de guerra" a las democracias, a la libertad de prensa, al derecho de propiedad, en suma contra los derechos humanos y las libertades fundamentales.

Se trata de un asunto muy serio y de amenaza real, no solamente contra la democracia sino contra la paz y la seguridad internacionales para cuya protección y mantenimiento han sido creadas la Organización de Naciones Unidas, la Organización de Estados Americanos y todos los organismos regionales y especializados del sistema internacional. Además del repudio público e institucionalizado a la democracia, además de renegar del propósito y contenido de la Carta Democrática Interamericana, se ha producido la reincidencia en la ruptura del orden democrático al reiterar el sometimiento de las Fuerzas Armadas al poder político eventual mostrando la inexistencia del "estado de derecho".

En cuanto al "Imperio", obviamente se trata de los Estados Unidos de América contra quien la dictadura castrista en Cuba tiene este discurso desde hace 57 años y lo sostiene y promueve aún terminada la guerra fría. Ahora vemos un concepto ampliado a toda la región latinoamericana con pretensiones de alcanzar al mundo. Se trata de amenazas para terminar con a las "democracias liberales", con el "libre mercado", con "la libertad de prensa", con "la libertad", en un marco militarizado donde el dictador del estado plurinacional de Bolivia —a nombre de todo el socialismo del siglo XXI— ha puesto en marcha la etapa frontal de agresión, junto con el general Padrino de Venezuela y los mas altos representantes del poder político militar de las cinco dictaduras de América Latina.

Coincidencia o no, en días más llegará en visita a estos mismos gobiernos y países —Cuba, Venezuela, Ecuador, Bolivia y Nicaragua— el Ministro de Relaciones Exteriores de Irán; Irán sostiene similares objetivos y argumentos que los establecidos en la Escuela militar antiimperialista; en el mismo edificio de la escuela antiimperialista en Bolivia, construido para la escuela militar al Alba, ya estuvo el año 2011 como Ministro de Defensa de Irán el general Ahmad Vahidi, buscado por Argentina por los atentados de Amia; el narcotráfico generado en

Venezuela y Bolivia parece ser uno de los principales motores económicos del terrorismo de origen islámico; un barco con bandera boliviana ha sido capturado con droga con destino al terrorismo.

La democracia no puede ser inerme, no puede permanecer indefensa mientras públicamente las dictaduras tratan de legitimar su discurso de violencia, confrontación y violación de los derechos humanos y de mantenimiento de la paz y seguridad internacionales. Las dictaduras de América Latina son política y económicamente inviables, son un fracaso, están en crisis y van de salida, los dictadores saben que perderán el poder y temen responder por sus crímenes y corrupción, y por eso afinan y buscan institucionalizar cada vez más el recurso de la violencia. La Escuela Militar Antiimperialista es una señal mas de dictadura y de pública amenaza contra todos los países democráticos y ciudadanos libres de la región y del mundo.

*21 de agosto de 2016*

## Las dictaduras de América Latina
## son una amenaza global

*El estado de derecho ha sido sustituido por la voluntad de los Castro en Cuba, de Chávez y Maduro en Venezuela, de Correa en Ecuador, de Evo Morales en Bolivia y de Daniel Ortega en Nicaragua*

Los gobiernos de Cuba, Venezuela, Ecuador, Bolivia y Nicaragua que no cumplen ninguno de los elementos esenciales de la democracia y cuyo objetivo es mantenerse indefinidamente en el poder a cualquier costo, representan un peligro real para sus pueblos a los que oprimen sometiéndolos a crisis económicas, sociales y políticas agravadas progresivamente. Las democracias de la región y del mundo que por acción u omisión toleran y coexisten con estos gobiernos del socialismo del siglo XXI, parecen ignorar que las dictaduras socavan los principios en los que se funda el propio poder de sus gobiernos legítimos, que son causa de inestabilidad para las democracias y que constituyen una amenaza global.

Todas y cada una de las cinco dictaduras de América Latina violan sistemática y permanentemente los derechos humanos y las libertades fundamentales como mecanismo de institucionalización del miedo para el control social; los presos políticos como Leopoldo López y decenas más en Venezuela, o el gobernador Leopoldo Fernández y los generales Claros, Rocabado, Veliz, Quiroga y Aranda en Bolivia, y los miles de exiliados son sólo una muestra. La libertad de prensa no existe y la represión a periodistas y medios de comunicación tiene casos estremecedores como en Ecuador del Diario el Universo, el del caricaturista Bonil, la persecución de Janet Hinostroza y Fernando Villavicencio por denunciar corrupción.

El estado de derecho ha sido sustituido por la voluntad de los Castro en Cuba, de Chávez y Maduro en Venezuela, de Correa en Ecuador, de Evo Morales en Bolivia y de Daniel Ortega en Nicaragua; en lugar de del principio por el que nadie puede estar por encima de la ley, los dictadores con título de presidentes son la ley y dictan órdenes, sentencias, condenas y todo tipo de abusos por televisión y en mensajes públicos. La irretroactividad de la ley para perseguir a los opositores políticos y el asesinato de la reputación de cualquier líder contestatario, son la ley del miedo que han impuesto.

Las elecciones libres, justas y basadas en el voto universal y secreto han sido sustituidas por rituales de fraude para la perpetuación, con afrentas tales como las que ahora mismo acontecen en Nicaragua, la que anuncia Morales en Bolivia, o la manipulación que Maduro hace en Venezuela para evitar un referéndum revocatorio que tiene perdido. La oposición ha sido eliminada en Nicaragua; dividida, subordinada, e incluso penetrada en Ecuador, Bolivia; limitada y desconocida en la autoridad y competencias que ha adquirido en Venezuela; o simplemente vejada, encarcelada, amenazada y asfixiada en Cuba. Dejan sobrevivir liderazgos que no amenazan el poder. No existe división ni independencia de los órganos del poder público, los fiscales y jueces son el brazo represivo del sistema.

Se trata de gobiernos cercanos, vinculados, tolerantes o simplemente parte del narcotráfico, al punto que hoy se considera a Venezuela y Bolivia como narco estados: en Venezuela Maduro jefe acaba de nombrar ministro a un militar bajo investigación de narcotráfico, sin olvidar los dos sobrinos de su esposa presos en Nueva York por el mismo motivo; o la misma condición de líder máximo de los cocaleros que tiene Evo Morales y su estado plurinacional, quien ha sostenido en la ONU que la "lucha contra el narcotráfico es un instrumento de sometimiento del imperialismo". La narco valija diplomática del gobierno de Correa. La dictadura castrista que pretendió terminar la sombra del narcotráfico que llegaba a los Castro con el fusilamiento de Ochoa, pero sin poder borrar testimonios de lo contrario, esto sin olvidar la estrecha relación de todos con la narco guerrilla de las FARC. Y el narcotráfico tiene como mercado a los pueblos de Estados Unidos y Europa, ahora acusados por las dictaduras de no controlar el consumo.

El modelo dictatorial del siglo XXI ha tratado de expandirse en Perú, Honduras, Salvador, ha perdido la Argentina de los Kirschner y la tolerancia y auspicios del Brasil de Lula y Dilma. Han buscado ganar influencia en la política interna de los Estados Unidos regalando petróleo en el Bronx, presionando sobre representantes de Louisiana y más. Han logrado éxito con la creación y acción de Podemos en España cuyo auspicio es soslayado por los sospechosos que hoy constituyen la tercera fuerza política en un sistema que quieren destruir. El tema del terrorismo de origen islámico, el narcotráfico vinculado a este terrorismo, la apertura de relaciones y expansión de "negocios" de las cinco dictaduras latinoamericanas con Irán y sus entornos, su posición anti Israel, el crecimiento de la presencia islámica en sus territorios por apertura de las dictaduras, es otro asunto grave.

El proyecto de las dictaduras del América Latina no pasa por perder el poder ni transformarse en democracias, no tienen en su agenda el concepto de "transición" que con más esperanza que realidad acarician los gobiernos democráticos. El tema es que las democracias de la región y del mundo que toleran estas dictaduras y aceptan la simulación de democracia con la que se presentan, están desconociendo el peligro de ser la próximas víctimas como sucedió con los sistemas políticos de Venezuela, Ecuador, Bolivia y Nicaragua, cuyos líderes creían y afirmaban que a ellos no les podía pasar porque sus respectivos países no eran como Cuba… pero pasó. Cuando las democracias coexisten con las dictaduras, vulneran los principios de su propia legitimidad, están subestimando a un enemigo declarado que incluso los insulta y menosprecia.

El problema causado por estas dictaduras no es solamente de quienes las padecen, es una amenaza global.

*14 de agosto de 2016*

# Hay cinco dictaduras en América Latina

*El Gobierno de Fidel y Raúl Castro en Cuba es indiscutiblemente la dictadura más antigua de las Américas, la tradicional que terminó el siglo XX siendo la única*

La destrucción del orden constitucional, los atropellos contra la libertad y derechos fundamentales, el control y manipulación de todos los poderes del Estado, el fraude electoral, la liquidación y/o sometimiento de la oposición, y la inexistencia de estado de derecho, son hoy características esenciales de los gobiernos de Cuba, Venezuela, Ecuador, Bolivia y Nicaragua. Se trata de hechos verificables con la simple observación de la realidad objetiva. La presencia en el poder de estos gobiernos es de facto, anti democrática, violatoria de los principios naturales y obligaciones internacionales, y sus ciudadanos son víctimas sometidas a crisis de imprevisibles consecuencias. Aunque tarde, es tiempo de reconocer que hay cinco dictaduras en América Latina.

Una condición y una necesidad imprescindible para políticos y gobernantes es el "reconocimiento de la realidad objetiva", que consiste simplemente en que, el establecimiento de las condiciones y de la identidad de lo que sucede debe ser lo mas preciso posible para que las decisiones tengan contenido efectivo respecto a lo que ocurre verdaderamente. Si un individuo no reconoce la realidad objetiva corre el riesgo de actuar en un mundo de ficción, y en política, en economía, en la gestión de los intereses de una sociedad, la irrealidad solo conduce a penosas crisis, que cuanto mas se tarda en afrontar, cobran costos sociales y políticos mas altos.

El Gobierno de Fidel y Raúl Castro en Cuba es indiscutiblemente la dictadura más antigua de las Américas, la tradicional que terminó el siglo XX siendo la única. Lamentablemente se ha expandido y ha creado en sociedad con Hugo Chávez el hoy llamado socialismo del siglo XXI, que con enunciados marxistas, antimperialistas y populistas, es solo el viejo castrismo de la Guerra Fría, decorado con la manipulación electoral y legislativa. Sin renunciar a la lucha armada que utiliza selectivamente para desestabilizar y derrocar gobiernos democráticos, el castrismo ha logrado hacer de la simulación y del fraude electoral los elementos fundamentales de la "presentación democrática" de gobiernos que ha creado y sostiene en Venezuela, Ecuador, Bolivia y Nicaragua. Suplantando las constituciones políticas y controlando la legislación han creado leyes que conforman hoy todo un sistema institucional de violación de las libertades y derechos fundamentales en esos países, garantizando la permanencia indefinida de los jefes locales y sus entornos digitados desde el poder central instalado en La Habana.

Los gobiernos de Nicolás Maduro en Venezuela, Rafael Correa en Ecuador, Evo Morales en Bolivia y Daniel Ortega en Nicaragua, reúnen hoy todas las características y elementos de una dictadura. Incluso otorgándoles la concesión de haber llegado al poder por elecciones, todos ellos han dado sucesivos "golpes de estado blandos", esto es sin desplazamiento general de fuerzas militares como fue la característica del siglo XX. Se trata de golpes de estado judiciales, legislativos, administrativos, institucionales, legalizados por las normas ilícitas que han creado para ese propósito. Todos estos gobernantes sin excepción han suplantado ilegalmente (reemplazando o enmendando) la constitución política de sus países por una creada a su medida para concentrar todo el poder; todos han introducido la reelección antes prohibida expresamente; todos han modificado los sistemas electorales y jurídicos en su beneficio; todos han sometido y/o reemplazado a los fiscales, jueces, magistrados y funcionarios judiciales y electorales; todos han acabado con la liberad de prensa tomando control de medios de comunicación con presiones, confiscaciones, compras forzadas o testaferros; todos persiguen judicialmente a líderes políticos, dirigentes civiles, religiosos, periodistas, empresarios y ciudadanos y tienen presos políticos y exiliados; todos han consolidado "gobiernos de facto caracterizados por la ausencia de la división e independencia de poderes y del estado de derecho"; todos han creado un "sistema que hace imposible que por un procedimiento institucionalizado la oposición llegue al poder"; todos "han instaurado la indefensión" y la corrupción como regla. ¡Eso es dictadura!

La realidad objetiva muestra a Nicolás Maduro en Venezuela manipulando los poderes judicial, electoral y las fuerzas armadas para impedir la salida pacífica de su dictadura, asfixiar a la Asamblea Nacional, sostener un narco estado, asistir a Cuba y las FARC, continuar agravando la crisis que mata y humilla a los venezolanos; a Rafael Correa manipulando su aparato estatal para instituir un sucesor pro tempore e incluso perpetuarse en el poder, perseguir y dividir la oposición, con una crisis económica y de corrupción que ya no disimula; a Evo Morales manipulando todo el Estado para tapar sus crímenes (anteriores y de gobierno), seguir impune ante la rampante corrupción, promover el cultivo de coca, maquillar como exitosa una economía en crisis y no dejar nunca el poder; a Daniel Ortega haciendo funcionar "su sistema institucional" eliminando a la oposición de las próximas elecciones, tomando el control total del Legislativo con "decisiones de su justicia" y llevando a la vice presidencia a su mujer.

Todo lo anterior y más, es solo copia —en el siglo XXI— de las mejores tradiciones castristas. Son una extensión de la dictadura principal, con diferentes grados de avance pero con la misma doctrina, liderazgo y estrategia. La realidad objetiva está ahí a la vista de todos, incluso de los líderes mundiales, regionales y de los gobiernos democráticos. El que tenga ojos que vea que ya es tiempo de llamarlos por su nombre. Hoy en América Latina hay cinco dictaduras.

*07 de agosto de 2016*

## Fracaso y crisis regional
## del modelo económico castrista

*La dictadura castrista fue salvada de su inminente colapso y de su "periodo especial" por Hugo Chávez, quien a partir de 1999 entregó a Fidel Castro y a su régimen los recursos y petróleo suficientes*

La dictadura castrista fue salvada de su inminente colapso y de su "periodo especial" por Hugo Chávez, quien a partir de 1999 entregó a Fidel Castro y a su régimen los recursos y petróleo suficientes

La dictadura castrista fue salvada de su inminente colapso y de su "periodo especial" por Hugo Chávez, quien a partir de 1999 entregó a Fidel Castro y a su régimen los recursos y petróleo suficientes no solo para estabilizar la economía cubana, sino para llevar adelante el proyecto político que comenzó como revolución bolivariana y terminó llamándose socialismo del siglo XXI. Con discurso anti imperialista y para controlar totalmente el poder, se recreó —con mecanismos electorales y populistas— el foco guerrillero con el que en décadas pasadas el comunismo del Caribe había intentado controlar la región. El castrismo se impuso en Venezuela, Ecuador, Bolivia y Nicaragua con un sistema político no democrático que tiene su modelo económico. Cuba y los países del socialismo del siglo XXI viven hoy en diferentes grados la crisis del modelo de economía castrista y buscan pretextos para disfrazar el resultado de este modelo históricamente fracasado y repudiado.

Un modelo económico es, entre otros conceptos, la "noción que se utiliza para nombrar el proceso dispuesto por un gobierno para organizar la actividad económica". El modelo del socialismo del siglo XXI es solamente el modelo castrista acomodado al proceso iniciado por Chávez y Castro en el nuevo siglo, pues está fundado en la filosofía y la economía marxistas, es centralista, estatista, intervencionista y desarrollista. La economía nacional debe estar bajo el control del estado por medio del gobierno, y el jefe de gobierno a perpetuidad (dictador) debe ser la máxima y autoridad final en la definición de los roles de la actividad económica, implementando para eso un ordenamiento "legal". Se trata de un modelo enemigo de la libre iniciativa, de la empresa y la propiedad privada y del libre mercado, a los que sin embargo está dispuesto a tolerar transitoriamente hasta derrotarlos, destruirlos o suplantarlos.

El componente esencial del modelo castrista, estatista, centralista e intervencionista es la corrupción. La concentración del poder en la toma de decisiones de valor económico, el desarrollismo, el intervencionismo hacen que la corrupción sea imprescindible generando nuevos ricos, nuevos tipos de falsos empresarios vinculados al régimen e incluso nuevos tipos de burguesías o castas como la denominada y extendida "boliburguesía". En los hechos se trata de un modelo de corrupción económica, donde la libre iniciativa y la libre competencia son sustituidos por el poder del jefe que todo lo puede y que se convierte no en el gobernante sino en el dueño del estado.

La mas avanzada aplicación del modelo económico castrista, hoy del socialismo del siglo XXI, está sin duda en Cuba y por eso mismo se trata del país con las condiciones de crisis económica mas agudas. El modelo económico castrista ha creado un "estado parásito", improductivo, dependiente y no auto suficiente. El régimen castrista siempre ha dependido y se ha sostenido de la ayuda externa. La URSS le permitió sobrevivir hasta que acosada por los mismos males de la economía marxista el estado mantenedor colapsó y desapareció dando lugar —como una consecuencia— al periodo especial en Cuba, hasta que llegó Hugo Chávez con la riqueza de Venezuela como nuevos mantenedores del modelo castrista. El modelo es tan ineficiente que ha logrado consumir y destruir la fuente de riqueza generando la crisis económica venezolana. El modelo de economía castrista se come la gallina de los huevos de oro.

Este modelo económico ha sido aplicado parcialmente en Ecuador, Bolivia y Nicaragua donde el sistema político del socialismo del siglo XXI está completamente implementado, por medio de la desaparición de la división e independencia de los poderes públicos, la violación institucionalizada y sistemática de los derechos fundamentales, la detentación del gobierno a perpetuidad, la desaparición de las libertades políticas y de prensa, la existencia de presos y exiliados políticos, etc….como en la Cuba castrista pero con simulación de democracia y fraude electoral. Cuanto más se ha aplicado el modelo económico castrista resulta más pronta y evidente la crisis, más clara la corrupción, más notoria la ineficiencia y la simulación, más grave la fuga de capitales e inevitable la quiebra porque son expertos subiendo el gasto público y liquidando lo ingresos.

Los gobernantes de Cuba, Venezuela, Ecuador, Bolivia y Nicaragua buscan ampararse en la caída de los precios internacionales del petróleo, de los minerales o de los productos básicos, pero el argumento es tan falso y malo como su modelo económico castrista. Resulta que los precios internacionales han bajado para todos y países como Chile, Perú, México, Uruguay o cualquier otro país de la región con gobiernos democráticos, sin importar su posición ideológica, con alternancia en el poder, con libre iniciativa, con libre empresa, con libertad de prensa, simplemente con libertad….simplemente no tienen crisis, ni el inminente y cercano futuro de desaparición de los regímenes del socialismo del siglo XXI.

El asunto es que en Cuba, Venezuela, Ecuador, Bolivia y Nicaragua las crisis económicas son estructurales, de modelo de economía y de gobierno, del modelo económico castrista, no de coyuntura. Por eso más pronto que tarde y aplicando el principio económico del propio Marx, que sostiene que "la infraestructura económica determina la superestructura política y social", veremos desaparecer por inviables los gobiernos del socialismo del siglo XXI, que dejarán en gravísima situación de pobreza y dependencia los pueblos y países que oprimen con el engaño de liberarlos.

*01 de agosto de 2016*

## ¿Fuerzas armadas de la nación o del régimen dictatorial?

*Cuba, Venezuela, Ecuador, Bolivia y Nicaragua han logrado que los ejércitos, sean hoy solo el brazo armado de la opresión del régimen. En los países no democráticos los ejércitos no están al servicio de la nación ni del Estado, son las fuerzas armadas del régimen*

El control de la fuerza es una característica fundamental y una necesidad imprescindible de la dictadura, pues por su natural falta de legitimidad le permite tomar y/o mantener el poder, sostener la liquidación de los elementos esenciales de la democracia y someter al pueblo. Las dictaduras del socialismo del siglo XXI extendidas hoy en Cuba, Venezuela, Ecuador, Bolivia y Nicaragua presentan claramente esa característica porque han logrado que los ejércitos regulares, en lugar de ser organizaciones institucionalizadas en el marco del estado de derecho —fuerzas armadas de la nación— sean hoy solo el brazo armado de la opresión del régimen. En los países no democráticos los ejércitos no están al servicio de la nación ni del Estado, son las fuerzas armadas del régimen.

En el concepto de "estado de derecho", que es uno de los elementos esenciales de la democracia, todos los poderes que conforman un estado y los individuos que los integran están sometidos a la ley, desarrollan su funciones y cumplen sus competencias de acuerdo al ordenamiento jurídico que tiene como fundamento la constitución y nadie puede estar por encima de la ley. Bajo este principio el rol de las fuerzas armadas se encuentra establecido en la constitución política y su subordinación al poder civil es una característica desarrollada en el marco de las leyes que conforman un sistema institucional para que sean la garantía de estabilidad y seguridad para el país, para sus ciudadanos y para los propios miembros de las fuerzas armadas que simplemente son parte del pueblo. No se trata de servir a un Gobierno o a un individuo, es el servicio al país por encima de gobiernos y personas.

En la historia de la destrucción de la democracia, el papel de las fuerzas armadas en el siglo XX ha sido el de actuar en beneficio propio estableciendo gobiernos militares conocidos como dictaduras militares, muy frecuentes en América Latina en tiempos de la guerra fría donde las dos potencias en contienda auspiciaron y sostuvieron dictaduras militares de izquierda y de derecha convirtiendo a los ejércitos en un aventajado instrumento armado en el juego político. Como consecuencia de ese proceso ha sobrevivido la dictadura castrista en Cuba que comenzó siendo guerrillera para terminar con los ejércitos del sistema, pero que ha desarrollado por 57 años un gobierno esencialmente militarizado, con ejércitos que son y están al servicio del régimen.

En la salvación y posterior expansión del castrismo desde 1999 a partir de su alianza con Hugo Chávez y el inmediato ataque contra las democracias en América Latina, el control y la deformación del rol de las fuerzas armadas comenzó en Venezuela aprovechando la condición militar del presidente y luego dictador Hugo Chávez que incluso cambió el nombre de la institución que hoy se denomina "Fuerza Armada Nacional Bolivariana" con el propósito de convertirla en su instrumento de fuerza. Además de la denominación, se puso en marcha el inmediato cambio de la "doctrina" para abrazar los conceptos castristas disfrazados de nacionalismo con el discurso "antiimperialista"; se integró el Gobierno con jefes militares, se otorgaron competencias civiles y políticas a personal militare, en suma se politizaron las fuerzas armadas y se militarizó la política, con resultados de sumisión en lugar de subordinación, altísima corrupción, vinculaciones al narcotráfico y absoluta destrucción institucional. Los militares venezolanos que defendieron su patria, su institución y su juramento fueron prontamente muertos, enjuiciados, perseguidos, encarcelados y exiliados, por eso muchos de los presos políticos de la dictadura venezolana son militares.

El proceso de cubanización dictatorial de las fuerzas armadas venezolanas se ha repetido en los países con gobiernos del socialismo del siglo XXI. En Bolivia Evo Morales en persona, para encubrir los crímenes que cometió en derrocamiento del gobierno constitucional en octubre de 2003, presentó juicio y manipuló —con sus fiscales y jueces— una sentencia contra los miembros del alto mando militar de 2003, hoy presos políticos; con esa señal de fuerza el líder cocalero devenido en capitán general siguió el camino de Chávez con la agenda castrista en el cambio de la doctrina de las fuerzas armadas "de la nación" por las fuerzas "del régimen" o "del jefe del estado", al punto que hoy está listo para inaugurar su "escuela militar antiimperialista" que ha incorporado como parte del sistema de estudios de los militares que no podrán ascender del grado de tenientes sin cursar tal "entrenamiento". Además de eso Morales no se descuida de perseguir y humillar a destacados militares como el Gral. Gary Prado que capturó al Che Guevara, mientras ha convertido en héroe al guerrillero sanguinario que invadió la soberanía boliviana y que mató decenas de soldados de la Patria.

La relación del Rafael Correa con las fuerzas armadas Ecuador han seguido la misma agenda y se encuentran en una fase en la que el jefe de Carondelet se ha visto en la necesidad de hacer purgas en los mandos tocando los beneficios económicos institucionales, pero el control del régimen no parece estar en cuestión. En Nicaragua,

Daniel Ortega es prácticamente el dueño de un sistema militar cuya pertenencia al régimen no se discute. La característica adicional de esta "metamorfosis" de las fuerzas armadas por el socialismo del siglo XXI es la extrema corrupción que resulta indisimulable. Basta ver la penetración del narcotráfico, las compras y equipamientos militares convertidos en adquisiciones de materiales inservibles de alto precio, la necesidad de impunidad y la actitud de los mandos militares que sostienen a sus gobiernos dictatoriales por interés propio, la prebenda que los transforma de soldados en mercenarios. Sin duda hay militares de honor y disgustados con todo esto, pero hoy, estas son las fuerzas armadas —otrora de la Nación— convertidas en fuerzas de los regímenes dictatoriales.

*25 de julio de 2016*

## Dictadura castrista humilla a patriotas latinoamericanos

*El aspecto más vergonzoso de la intervención castrista en Bolivia tiene que ver con las Fuerzas Armadas, el Honor, la Dignidad nacionales, pues han convertido al agresor Che Guevara en un ídolo del gobierno, le hacen monumentos y rinden honores instalando su imagen en las oficinas públicas, mientras avergüenzan, persiguen y humillan a los defensores de la Patria que como soldados —excombatientes antiguerrilleros— no tienen siquiera una pensión*

La persecución política del castrismo contra los defensores de la libertad y la democracia no tiene límite ni consideración. Desde el "asesinato de la reputación" hasta la eliminación física, ataques personales, agresiones físicas, humillaciones y torturas, ejercen una gama criminal que solo la dictadura puede permitirse para la retención indefinida del poder. Una víctima de los despiadados métodos de la dictadura castrista —ejecutados por su operador Evo Morales— es el General Gary Prado Salmón, miembro de las Fuerzas Armadas de la República de Bolivia, reconocido en la historia por haber capturado al Che Guevara.

El dirigente cocalero Evo Morales llegó a la presidencia de Bolivia por la directa acción de Chávez y Castro, y se sostiene en el gobierno por la misma intervención externa. Acabó con la democracia en el país y se ha convertido en dictador con pretensiones de reinar a perpetuidad, como Fidel Castro a quien llama públicamente "papá". Ha suplantado la Constitución Política del Estado, ha liquidado la

República de Bolivia y la ha sustituido por el "estado plurinacional" siguiendo la franquicia castrista ejecutada en Venezuela, Ecuador y Nicaragua. Ha eliminado la oposición política real, es responsable de más de 20 masacres sangrientas que suman centenas de muertos y heridos, tiene decenas de presos políticos, ha hecho desparecer el estado de derecho y la división e independencia de los órganos del poder público, usa como mecanismo de represión a fiscales y jueces. Ha judicializado la represión política y criminalizado la libertad, logrando con ese método que hoy no exista prensa libre; ha iniciado innumerables juicios por delitos inventados con prueba fraudulenta, con los que encubre sus propios crímenes, dando lugar a la existencia de más de mil exiliados bolivianos en Argentina, Brasil, Paraguay, Perú, Estados Unidos y España.

La guerrilla de Ñancahuazú perpetrada como un acto de agresión contra Bolivia terminó con la ejecución del Che Guevara, que fue capturado vivo por el entonces Capitán Gary Prado Salmon, quien tuvo una destacada carrera militar alcanzando el grado de General; considerado como un militar progresista de izquierda que luego de retirarse del servicio activo fue candidato del Movimiento de la Izquierda Revolucionaria, Embajador de Bolivia ante el Reino Unido en Londres y en México. Sufre parálisis de medio cuerpo, es un impedido confinado a una silla de ruedas desde que recibió un balazo misterioso como Comandante de la VIII División de Ejercito.

Lo que no pudo el Che Guevara lo hizo Evo Morales cometiendo "traición a la Patria", convirtiendo a Bolivia en territorio ocupado, en uno más de los satélites del socialismo del siglo XXI propiedad de los Castro desde la muerte de Hugo Chávez. La presencia cubana en Bolivia va desde los servicios de seguridad del estado, la identificación de las personas y control ciudadano, el servicio de correos, las telecomunicaciones, educación, alfabetización, agricultura, medicina, hasta áreas en las que el castrismo solo ha conseguido corrupción y más pobreza en los 57 años de opresión de Cuba. Sin embargo, el aspecto más vergonzoso de la intervención castrista en Bolivia tiene que ver con las Fuerzas Armadas, el Honor, la Dignidad nacionales, pues han convertido al agresor Che Guevara en un ídolo del gobierno, le hacen monumentos y rinden honores instalando su imagen en las oficinas públicas, mientras avergüenzan, persiguen y humillan a los defensores de la Patria que como soldados —excombatientes antiguerrilleros— no tienen siquiera una pensión.

Para instaurar la dictadura y liquidar la oposición de seis de los nueve departamentos de Bolivia, Evo Morales aplicó estrategia criminal castrista, montó actos criminales, entre ellos el denominado separatismo o "caso Rosza" con el que encubre sus delitos en la "masacre del Hotel Las Américas" en Santa Cruz, y ha incluido como acusado en esta persecución judicial al Gral. Gary Prado, quien es obligado a asistir por horas a audiencias en su silla de ruedas, causándole intencionalmente daños graves a su salud por la inmovilidad a la que lo someten, humillándolo con una detención domiciliaria —tan injusta como innecesaria— desde hace mas de 5 años. El dictador Evo Morales —como títere de la venganza castrista— ha convertido al Gral Gary Prado en su preso político y lo está asesinando lentamente por medio de su servil aparato judicial.

Pero el Gral. Gary Prado no es el único patriota boliviano humillado por la dictadura castrista-cocalera en Bolivia. En el mismo caso del falso separatismo, decenas de bolivianos han sido encarcelados, extorsionados, torturados y obligados a aceptar acusaciones falsas para proteger a sus familias y recuperar su libertad, o están exiliados. Evo Morales, para encubrir los crímenes que cometió en octubre de 2003 derrocando al presidente Sánchez de Lozada, inició en persona juicio contra los gobernantes de la democracia depuesta forzándolos al exilio y mantiene en la cárcel —como presos políticos— a los generales Claros, Rocabado, Veliz, Quiroga y Aranda, miembros institucionales el Alto Mando Militar. Evo Morales ha acusado judicialmente a los gobernadores de Cochabamba, Tarija, Chuquisaca, Beni y Pando; para encubrir sus crímenes de la "masacre del Porvenir" tiene como preso político al de Pando, para encubrir los asesinatos del joven Urresti y otros ha exiliado al de Cochabamba, al de Tarija, y procesa a los de Chuquisaca y Beni.

Es la dictadura castrista que humilla a Bolivia en la persona de General de la República Gary Prado. Pero es un tema regional, el castrismo hace lo mismo en Venezuela con Leopoldo López y decenas de patriotas, en Ecuador y en Nicaragua; lo hizo y hace con miles de cubanos. Es un tema regional, los patriotas que se oponen en Latinoamérica al castrismo no tienen derechos humanos ni presunción de inocencia ni debido proceso, ni juez imparcial, no los protege la irretroactividad de la ley ni se sabe de reclamos por ellos.

*11 de julio de 2016*

## Los defensores del dictador Maduro

*Ya nadie cree que en Venezuela haya libertad, todo lo contrario, se reconoce por sus nombres a decenas de presos políticos en torno a Leopoldo López como símbolo, se certifica el control de prensa y se observa un pueblo oprimido y humillado*

La crisis provocada y agravada por la ineptitud del Gobierno y el fracaso de su modelo; el hambre, la violencia, la inseguridad y la muerte; la corrupción y la impunidad descaradas e institucionalizadas; la represión y persecución como política de estado; el narco estado en evidencia y el sometimiento del país a poder extranjero; la existencia de presos y exiliados políticos ya reconocidos por todo el mundo; son entre otras, las razones que hacen del referéndum revocatorio el escenario final del régimen de Venezuela. Ante esta realidad, que nadie con mínimo respeto a los derechos humanos prologaría, la estrategia de la dictadura es la de ganar tiempo y multiplicar sus defensores frente a la única acción de solución que es la activación de la Carta Democrática Interamericana de la OEA. Por eso con maniobras y manipulaciones el socialismo del siglo XXI activa y multiplica los defensores del dictador Maduro.

El régimen de Maduro y el socialismo del siglo XXI —dirigido por Cuba e integrado por los cada vez más cuestionados y debilitados gobiernos de Ecuador, Bolivia y Nicaragua— están acabados. Es la crisis económica, social y humanitaria a la que han llevado al país petrolero más rico de la región. Ya nadie cree que en Venezuela haya democracia, todo lo contrario, la opinión pública mundial está convencida que se trata de una dictadura decidida a llevar a su pueblo a penurias extremas con el único fin de permanecer indefinidamente en el poder. Ya nadie cree que en Venezuela haya libertad, todo lo contrario, se reconoce por sus nombres a decenas de presos políticos en torno a Leopoldo López como símbolo, se certifica el control de prensa y se observa un pueblo oprimido y humillado.

La derrota de la dictadura está sellada por las imágenes de niños clamando medicinas que nunca llegan y cuya falta termina con sus vidas; los desgarradores testimonios de madres que no pueden alimentar a sus bebés; los videos de venezolanos agrediéndose por conseguir un poco de comida; el estado de indefensión de la población frente al atropello y la inseguridad; la prepotencia violenta de grupos del gobierno para someter al pueblo; los mercados vacíos y la necesidad que lleva a la gente a extremos; la ausencia del 95% de fármacos esenciales para resguardar la salud; el "mango" convertido en casi el único alimento temporalmente accesible mientras los jerarcas del régimen defienden a sus familiares por narcotráfico en Nueva York, viajan gastando millones o incluyen a su estilista como diplomática.

Lo que se debería resolver en solo días por una comunidad internacional seria, se ha tornado en un infinito y fraudulento proceso de diálogos y negociaciones manipulados por la dictadura cubana que ha puesto en acción todos los medios para sostener a su gobierno títere de Venezuela. Todos los organismos para-regionales creados o controlados por el socialismo del siglo XXI han actuado y fracasado. Han creado incluso un grupo de ex presidentes que sometieron sus gobiernos al castro-chavismo y solo han ratificado su penosa subordinación. In extremis, usan a José Luis Rodríguez Zapatero ex presidente del Gobierno español y conocido cófrade de Castro y Chávez. Zapatero —como defensor de la dictadura— ha podido visitar a Leopoldo López para obtener la histórica respuesta de que "mi libertad no se transa por la democracia de Venezuela". Varios y mejores ex presidentes, incluyendo a Felipe González de España y del mismo partido que Zapatero (PSOE) fueron prohibidos por Maduro cuando trataron de visitar a los presos políticos, por la sencilla razón de que no estaban mandados ni actuando para defender la dictadura.

Todo esto, incluida la alegación de Zapatero de contar con el respaldo de los Estados Unidos en su gestión, solo busca defender al dictador y no permitir ni el referéndum revocatorio este año, ni salida alguna. La componenda que el socialismo del siglo XXI pretende para sostener a Maduro trata de ser previa a la consideración de la activación de la Carta Democrática Interamericana en la OEA. Mientras Zapatero maniobra, los países que representan los votos de la vergüenza contra la democracia, los gobiernos sometidos al poder castrista, demoran y dilatan el cumplimiento de sus obligaciones respecto a la Carta que firmaron con carácter vinculante y obligatorio, con declaraciones e invocaciones tan deshonrosas como irresponsables que los convierten también en defensores de la dictadura.

Paralizar el renaciente sistema interamericano de defensa de la democracia es el objetivo de las dictaduras de la región, porque saben que después de Venezuela vienen ellos. El caso Venezuela solo será el primero de varios que como Ecuador, Bolivia y Nicaragua no tardarán en ser puestos en la misma situación. No quieren precedente, no desean jurisprudencia de activación de la Carta Democrática porque esto representa además una ratificación de las causas por las que la dictadura de Cuba está suspendida y es enemiga mortal de la OEA. Simplemente los principios de la Carta Democrática condenan a las dictaduras y éstas se defienden como saben, con el poder de la mentira, la extorsión, el soborno y la cobranza de viejas cuentas y ocultos pecados que les permiten una extensa baraja de defensores.

Mientras el pueblo venezolano, Luis Almagro y la prensa libre internacional han demostrado la validez moral, legal y política de una activación de la Carta que permita realizar este año el referéndum revocatorio en Venezuela, las dictaduras solo quieren mas enredos, mas mediadores, mas declaraciones. Vemos al dictador Castro y su canciller con los países del Caribe, a los sobresaltados Correa, Morales y Ortega, al mandado Rodríguez Zapatero y sus visitas, incluso a Macri de Argentina que "parece decidido a una movida K" jugando con la democracia por la Secretaría General de la ONU para su canciller. Todos tratando de llevar el tema fuera de la OEA, todos en contra de la democracia y actuando como los defensores del dictador Maduro.

*13 de junio de 2016*

## Las plagas del socialismo del siglo XXI

*El proyecto político regional con ínfulas de influencia mundial, organizado por Hugo Chávez y Fidel Castro, a partir de 1999, se está consumiendo por sus propias plagas: estatismo, centralismo, corrupción, crisis económica, falta de libertad, manipulación, dictadura, perpetuidad, impunidad, narcotráfico...*

El proyecto político regional con ínfulas de influencia mundial, organizado por Hugo Chávez y Fidel Castro, a partir de 1999, dirigido desde La Habana y Caracas, que llegó a controlar directamente Cuba, Venezuela, Ecuador, Bolivia, Nicaragua y a influir sometiendo a casi todos los países latinoamericanos, a controlar la Organización de Estados Americanos (OEA), a impulsar proyectos en toda la región, a recrear el castrismo, terminando con la democracia e instaurando las dictaduras del siglo XXI, está en un acelerado deterioro y camino a su inevitable mal fin. Se está consumiendo por sus propias plagas: estatismo, centralismo, corrupción, crisis económica, falta de libertad, manipulación, dictadura, perpetuidad, impunidad, narcotráfico...

La gran riqueza petrolera venezolana, potenciada por el alza de los precios internacionales, fue sin duda la herramienta principal de arranque y sostenimiento del proyecto que terminaría llamándose socialismo del siglo XXI. Si queremos resumir en una palabra la razón de los éxitos de Hugo Chávez, esa palabra es "dinero", tanto (dinero) que superó por mucho la influencia de la primera potencia mundial, a quien desplazó de la región, le quitó presencia política y la arrinconó en la OEA, configurando un escenario que ni siquiera la Unión Soviética, como potencia mundial, hubiera pretendido. La otra herramienta fue el aporte de Fidel Castro con su organización política dictatorial y su ajuste histórico al foquismo electoral fundado en movimientos populistas seudo democráticos con el dinero de Venezuela.

Cumpliendo el principio marxista de que "toda relación humana es económica", todo fue bien mientas hubo mucho dinero, pero la pésima gestión de economía populista, estatista y centralista, totalmente anti histórica, dejaron al socialismo del siglo XXI sin su encanto principal, sin dinero, sin prebendas, sin los chorros de barriles de petróleo o de regalos, o de acuerdos bien lubricados con casi todos los gobernantes latinoamericanos. Unos años de optimismo, propaganda y desenfreno dejaron muchas deudas, malos proyectos, mucho descontento y más pobreza en los países donde mayor control lograron los caudillos adoctrinados por el castrismo. Lo vemos hoy.

El Foro de San Pablo, al que se atribuye el fundamento ideológico y de penetración en la región, resultó mostrándose como un mecanismo de corrupción transnacional, cuyos excesos llevaron a los grandes escándalos de corrupción que hoy vive Brasil, a la caída y vergüenza del partido de los trabajadores, a la condición de acusado a Lula da Silva y al impeachment de Dilma Rousseff. La corrupción en cada uno de los países del socialismo del siglo XXI, solo se disimula con el control total de la prensa, la represión política por medio del poder judicial controlado por el Gobierno, políticas de miedo, acciones dictatoriales y más corrupción. Se trata de una situación que ni Castro, ni Maduro, ni Correa, ni Morales, ni Ortega ya pueden ocultar, porque ellos y sus entornos son nuevos ricos frente a sus pueblos cada vez más pobres y dependientes, a los que ofrecieron liberar.

Usaron y usan la libertad y la liberación en su propaganda, pero cada año han incrementado progresiva y sostenidamente la violación a los derechos humanos y a las libertades fundamentales. Periodistas y opositores perseguidos, presos y exiliados, abogados presos, empresarios con sus bienes confiscados, indígenas con sus territorios avasallados, el aparato productivo destrozado o en camino de perecer, profesionales desplazados por la presencia cubana, fuerzas armadas intervenidas, tributos encubiertos a Cuba como pagos de servicios por actividades como la agricultura en las que la dictadura ha fracasado desde hace años. Las libertades individuales sometidas y los estados de Venezuela, Ecuador, Bolivia y Nicaragua funcionando desvergonzadamente como colonias políticas de La Habana mientras se llenan la boca de "anti imperialismo".

Liquidaron la democracia y creyeron que con elecciones manipuladas podían sostener la farsa de ser dictadores y presentarse como presidentes. Hace años que en ninguno de estos países se cumple ni existe ninguno de los elementos esenciales de la democracia, obligatorios por la Carta Democrática Interamericana. La nota característica del establecimiento de las dictaduras ha sido la manipulación para permanecer indefinidamente en el poder. Los gobernantes de Cuba, Venezuela, Ecuador, Bolivia, y Nicaragua no quieren dejar nunca el poder y cuando parece que sí, inventan otra trampa hasta llevar al pueblo a la confrontación, como pasa hoy en Venezuela y no tardará en suceder en el resto.

La corrupción protegida por la impunidad. El narcotráfico es parte de esa corrupción y no lo disimulan porque han llegado al extremo de sostener como política que "la lucha contra el narcotráfico es una acción del imperialismo", un mecanismo de dependencia.... mientras incrementan los cultivos de coca, la producción y tráfico de cocaína desde niveles que los ha hecho ser llamados "narco estados". Las plagas del socialismo del siglo XXI son estas y más. No hay cuerpo ni pueblo que las resista y menos en tiempos de la revolución tecnológica y comunicacional. Por eso se están consumiendo por sus propias plagas, pero a costa del sacrificio de sus pueblos. Hoy ya no se discute el resultado, solo el tiempo.

*23 de mayo de 2016*

# Venezuela, en la dura tarea de sacar al dictador

*Venezuela es la cuña que debe ayudar a sostener, o por lo menos prolongar en el poder a los dictadores de Cuba, Ecuador, Bolivia y Nicaragua. Por eso la lucha de Venezuela es tarea de todos*

No hay transición posible a la normalidad democrática sin que el detentador del poder total, el dictador o jefe de gobierno que ejerce por encima de la voluntad ciudadana y de la ley, no sea separado del poder. Frente a los gobiernos no democráticos, la condición inicial para el retorno a la democracia, ha sido siempre y es hoy, la salida del dictador. Solo cuando el poder retorna a manos de ciudadanos que respetan el estado de derecho, la división e independencia de los órganos del poder público, las libertades individuales, políticas y de prensa, es posible el restablecimiento de la democracia. La lucha de los pueblos sometidos a las dictaduras del socialismo del siglo XXI, esta siendo protagonizada dramáticamente en Venezuela que encara la dura tarea de sacar del poder al dictador.

Cuando el pueblo venezolano logró la histórica victoria del 6 de diciembre de 2015 (6D) estableciendo una Asamblea Nacional con mayoría democrática, el deseo y la esperanza de venezolanos y latinoamericanos hizo que imaginemos que se había iniciado un proceso de transición hacia la recuperación de la democracia en Venezuela, y desde allí en toda América Latina. Este proceso hubiera sido posible si Nicolás Maduro y su gobierno hubieran actuado como venezolanos, con sentido de Patria y con algo de respeto al pueblo cuya representación se arrogan, pero casi cinco meses después se comprueba que la estrategia que aplica el régimen en Venezuela es aferrarse al poder dictatorial, con la agenda y conducción castrista y sin importar los daños y penurias —cada vez mas graves— que causan a los ciudadanos. Es simplemente la descarada y desesperada acción de mantenerse ilegítimamente en el gobierno para protegerse y sirviendo de escudo a las otras dictaduras de la región.

Lo que estamos viendo en Venezuela es la "estrategia regional castrista para mantener el poder". Venezuela es la plaza mas importante que deben retener a toda costa, no solo por los recursos que supone para la dictadura cubana, que desde la muerte de Hugo Chávez lidera y es la dueña del proyecto anti democrático. La percepción —que es además correcta— de la inteligencia castrista, es que si pierden Venezuela se rompe el eslabón que terminará en el corto plazo con toda la cadena de gobiernos que controlan en la región, y con ellos mismos. La caída de la dictadura en Venezuela es el principio del fin, de un fin rápido, de todas la dictaduras organizadas y controladas por los Castro y Chávez.

Por eso hemos visto el afán de los gobiernos de Cuba, Venezuela, Ecuador, Bolivia, Nicaragua, pidiendo ayuda a países que aún los acompañan. Han tratado de poner en marcha los organismos que crearon para su proyectado nuevo orden internacional en las Américas, como la Celac y Unasur. El retorno paulatino —aunque incipiente— de la Organización de Estados Americanos (OEA) al respeto de su principios y a la defensa de los derechos humanos y la democracia, con el liderazgo de su nuevo Secretario General, está irritando a las dictaduras porque quiebra la estrategia de contención del castrismo y demuestra que los organismos internacionales creados como funcionales a las dictaduras simplemente no funcionan porque ya no tienen ya el dinero dilapidado por Chávez para atraer y sostener apoyos. Tampoco la OEA tiene otra alternativa, porque todos los organismos regionales del siglo XXI en la región fueron creados para destruirla y sustituirla como Chávez y Castro lo proclamaron en reiteradas.

No es fácil, y aún está por verse, si es posible sacar del poder a un dictador por medios democráticos progresivos y pacíficos como se intenta en Venezuela. La historia muestra que en general los dictadores han dejado el poder derrotados por procesos revolucionarios violentos , obligados por una presión internacional irresistible como en los setentas con el paradigma norteamericano, o cuando se les termina el ciclo vital como Franco o como parece que sucederá con los Castro. Hoy, la simulación democrática de parte de las dictaduras y la prudencia o complicidad de la comunidad internacional frente a estos gobiernos, ha dejado solo al pueblo venezolano y a su liderazgo democrático, preso, presionado por el tiempo, amenazado de división y asustado por la violencia que la dictadura alienta para luego culpar a sus víctimas.

La crisis económica , el hambre del pueblo, las necesidades, la situación de miseria a la que terminan sometiendo irremediablemente los dictadores a sus pueblos, es un factor que en ocasiones es aliado para terminar con la dictadura, pero no siempre, como lo demuestra el caso de Cuba cuyo pueblo víctima de las mayores privaciones y limitaciones es hasta ahora controlado por un sistema estalinista frente al que la opción de libertad es el exilio. Venezuela está en el punto en el que el castrismo pone a prueba si es capaz de repetir —por medio de Maduro— su exitosa metodología de control social, logrando subordinación de la gente mientras la mata de hambre y de inseguridad.

Por su parte los demócratas venezolanos han puesto en marcha el proceso de revocatorio de Nicolás Maduro, en una acción sin precedentes de sacar del poder a un dictador por medio de mecanismos de una democracia simulada, cuyas reglas y organismos están diseñados y funcionando para mantener al gobernante ilegítimo en el gobierno.

Este notable esfuerzo tiene en contra la tozudez del dictador empecinado y forzado por sus asustados colegas para aplicar la estrategia castrista, porque Venezuela es la cuña que debe ayudar a sostener o por lo menos prologar en el poder a los dictadores de Cuba, Ecuador, Bolivia y Nicaragua. Por eso la lucha de Venezuela es tarea de todos.

*02 de mayo de 2016*

## La dictadura venezolana reafirma su naturaleza

*Maduro ha despreciado la oportunidad de una salida decorosa respetando al Poder Legislativo y permitiéndose un proceso de transición, cuyo principal beneficiario hubiera sido él y su régimen*

Siguiendo la metodología y estrategia de la dictadura castrista, Nicolás Maduro y su entorno han decidido continuar ejerciendo el poder total en Venezuela como si el 6 de diciembre de 2015 (6D) no hubiera pasado nada, como si el pueblo no los hubiera derrotado y la Asamblea Nacional no hubiera dejado de ser el controlado mecanismo de soporte autoritario para simular democracia. Maduro ha despreciado la oportunidad de una salida decorosa respetando al Poder Legislativo y permitiéndose un proceso de transición, cuyo principal beneficiario hubiera sido él y su régimen. El empecinamiento en el ejercicio descarado y ultrajante del poder total, utilizando la fuerza y la manipulación judicial por medio de "sentencias infames", solo ofrece más pruebas de la ausencia de democracia, castiga por más tiempo al pueblo y reafirma la naturaleza dictatorial de un Gobierno sin opciones.

La dictadura quiere seguir sometiendo a Venezuela sin considerar el estado de "desastre nacional" y "crisis humanitaria" a la que ha conducido al país petrolero mas rico de América Latina. Hasta el 6D con su discurso populista, la prebenda y el esquema internacional organizado con la dictadura castrista, el régimen chavista se esforzaba por presentarse como una democracia popular, o una democracia diferente y se amparaba para esto en el hecho de que ganaba elecciones y tenía —supuestamente— el respaldo mayoritario del pueblo. Pero luego de la derrota del 6D, quedó claro que tal respaldo no existe más (si alguna vez existió), que pese al fraude y la manipulación electoral, un pueblo cansado y empobrecido optaba por un retorno no violento a la democracia, y que por eso y para eso, empoderaba una Asamblea Nacional en manos de defensores de la libertad.

El cambio ordenado por los venezolanos es la necesidad de democracia en expresión de comida, medicinas, libertad, seguridad, no más corrupción, no más perseguidos por jueces verdugos, no más presos políticos, no más exiliados, no mas intervención extranjera, no más impunidad, no más vergüenza nacional... No se trata de un tema ideológico, no es una cuestión partidista ni de izquierdas o derechas, es simplemente el derecho a vivir con normalidad, el derecho a la civilización de la que buen ejemplo había dado Venezuela cuando casi todo el resto de América Latina estaba controlada por regímenes dictatoriales.

Maduro está ejecutando una estrategia de cerco a la Asamblea Nacional para mostrarla incompetente e ineficiente, para seguir satanizando la política y presentarla como derechista en el maniqueo manejo castrista del persistente discurso anti imperialista. Lo hace tratando de simular funcionamiento de la democracia de farsa que construyó Hugo Chávez; para eso utiliza su Tribunal Supremo de Justicia haciendo declarar inconstitucional la Ley de Amnistía, mostrando el camino que seguirá usando para inmovilizar al Poder Legislativo, mientras trabaja la destrucción institucional de la Asamblea y en el asesinato de la reputación de sus miembros, buscando dividir, aterrorizar o neutralizar, y en el tiempo achacarles las responsabilidades y crímenes del Gobierno.

La naturaleza digitada, subordinada y títere del Tribunal Supremo de Justicia de Venezuela al jefe de estado ha quedado fuera de toda duda. El veloz, insostenible y corrupto fallo sobre la Ley de Amnistía es solo una muestra más de corrupción de un régimen dictatorial. Si alguna muestra faltaba, de que el Gobierno no respeta la división e independencia del poder público, la sentencia de inexistente inconstitucionalidad sobre la Ley de Amnistía lo demuestra. Se ha probado también que en los países de la órbita castrista (Venezuela, Bolivia, Ecuador y Nicaragua) la estrategia de los gobernantes es culpar, enjuiciar y sentenciar por los crímenes del Gobierno a las víctimas. Está demostrado que las dictaduras del socialismo del siglo XXI han creado su propia "institucionalidad dictatorial" que no es lícita, ni legítima, para proteger sus delitos, su corrupción, y sostenerse indefinidamente en el poder.

Una ley que en su objeto o contenido viola los derechos humanos es una "ley infame" y una sentencia o fallo que viola los derechos humanos es una "sentencia infame". En ambos casos lo que determinan es "nulo de pleno derecho", es prueba de delitos cometidos por sus autores y ejecutores, por el grado de vileza y prevaricato que evidencian. Pero temporalmente sirven para aparentar legalidad y promover la propaganda en un conflicto de poderes, cuando en rigor, no puede haber conflicto entre el poder legal y legítimo, única expresión de democracia que es la Asamblea Nacional y los órganos de la dictadura, aunque estos últimos tengan la fuerza y el control de la comunicación.

El Gobierno de Maduro con su agenda castrista está dispuesto a llevar a los venezolanos a la situación en la que desde hace décadas se encuentra el pueblo cubano. No se trata de la crisis de Gobierno o gobernabilidad de una democracia como la brasilera que sufre hoy el stress generado por la corrupción al que más pronto que tarde dará una salida institucional y democrática. Lo de Venezuela es la acción premeditada y violenta del sometimiento de un pueblo a las condiciones dictatoriales de miseria impuestas por un Gobierno extranjero con el sometimiento y traición a la Patria de parte de un grupo de corruptos que ya no tienen siquiera donde escapar.

El Gobierno de Venezuela ha reafirmado su naturaleza dictatorial, ha quemado los puentes de una transición y retorno inmediatos a la democracia. Su agenda es más crisis, más violencia, más tensión, más de todo aquello que los opositores —ni nadie en su sano juicio— quiere ni desea. En eso consiste el poder dictatorial castrista hoy aplicado en Venezuela, en la generación y administración del miedo. Es duro de explicar, pero más difícil de entender.

*18 de abril de 2016*

# La contrarrevolución de Evo Morales

*Evo Morales destruye la nación boliviana con enfrentamientos, ampliando la lucha de clases a la lucha de razas (es racista), ha intervenido la educación boliviana con cubanos, ha concentrado el poder terminando con la democracia; usa la justicia para la represión política*

Para construir la "nación boliviana" buscando la "liberación del pueblo boliviano" mediante la "alianza de clases", el Movimiento Nacionalista Revolucionario (MNR) inició la "Revolución Nacional" el 9 de abril de 1952, que estableció como medidas fundamentales el "voto universal" (iguales derechos políticos a todos los hombres y mujeres para que sean "ciudadanos"), la "reforma agraria" (que esos ciudadanos sean "propietarios"), la "nacionalización de las minas" (estado nacional" e "independencia económica) y la "reforma educativa" (acabar con el analfabetismo y educación para todos). La Revolución Nacional Boliviana está siendo desmantelada por la "contrarrevolución de Evo Morales".

La "nación boliviana" es la gran meta de reunir en una sólida identidad política y sociológica a todos los habitantes de Bolivia por el mismo origen territorial y como resultado de un proceso de mestizaje de mas de 500 años, forjar una identidad en función de los vínculos culturales, de lengua, costumbres, religión y la historia comunes, de manera que la nación como base social de estado coincida con éste por el sentimiento de Patria. La "liberación del pueblo boliviano" es el objetivo permanente por el que los habitantes empoderados como ciudadanos deben tener libre determinación y oportunidades en democracia y estado de derecho; y la "alianza de clases" es el planteamiento ideológico de unidad de los bolivianos en contraposición a la "lucha de clases" planteada por los movimientos marxistas que buscaban e insisten en "internacionalizar" la lucha.

Con el voto universal (21 de julio de 1952) se otorgó el derecho a las mujeres, indígenas, analfabetos, a todos los bolivianos, reconociendo igualdad y ciudadanía. Antes de la reforma agraria (2 de agosto de 1953) en Bolivia el 4,5% de la población era propietaria del 70% de la tierra agrícola, con un sistema de servidumbres personales, el 40% de las importaciones del país eran de alimentos. Sólo el 25% de la población cursaba estudios primarios y el 68% eran analfabetos, por lo que se hizo la Reforma Educativa (1953-1955). Un país cuyos dos tercios de su población era rural, marginada, sin educación, sin propiedad y sin futuro. En transformar eso consistió el "cambio profundo de las estructuras políticas y socioeconómicas de la comunidad nacional" que es la Revolución Nacional boliviana.

La Revolución marcó una política de estado sólo alterada por momentos que la guerra fría produjo en la política nacional. En 1985, Bolivia llegó a una inflación del 20.560% (veinte mil quinientos sesenta por ciento) y el presidente Víctor Paz Estenssoro puso en marcha la "segunda etapa de la Revolución Nacional", frenando la hiperinflación con la nueva política económica e iniciando la lucha contra el narcotráfico. De 1993 a 1997 y de 2002 a 2003 el presidente Gonzalo Sánchez de Lozada lideró la "tercera etapa de la Revolución Nacional" con la "participación popular" (más que descentralización municipal con asignación directa de recursos para democratizar el poder), una nueva "reforma educativa", la "capitalización social" (aumento de capital por inversionistas privados en las empresas estatales y transferencia de la parte estatal al pueblo boliviano), el "bonosol" (renta anual vitalicia para todos los bolivianos a partir de sus 65 años), el "seguro universal materno infantil" (servicio médico igualitario y gratuito para todas las mujeres embarazadas y para los niños), exitosa "lucha contra el narcotráfico" (erradicación de coca ilegal, desarrollo alternativo y combate al crimen), "institucionalización" (Banco Central y sistema regulatorio independientes), y muchas medidas más.

Un proceso político transnacional —imperceptible al principio y subestimado luego— nació de la alianza el dinero venezolano malversado por Hugo Chávez y la dictadura de Fidel Castro. Recrearon el foquismo de los sesenta mutándolo en populismo electoralizado, aprovecharon la crisis económica regional de principios de siglo, se expandieron por la región y llegaron a tomar control de Bolivia con su operador Evo Morales, quien pese a ser beneficiario directo de la Revolución Nacional como boliviano mestizo cocalero, se hizo enemigo de la liberación del pueblo boliviano por la agenda de Castro y Chávez y por su condición de "líder máximo y perpetuo de los cultivadores de coca ilegal del Trópico de Cochabamba" integrados a la producción de cocaína.

Contrarrevolucionario es quien "intenta revertir total o parcialmente los resultados de una revolución". Evo Morales es jefe de la contrarrevolución en Bolivia: ha liquidado la República por el "estado plurinacional"; desconoce la "nación boliviana" suplantándola por lo plurinacional con más de 30 naciones con fines de división; destruye la nación boliviana con enfrentamientos, ampliando la lucha de clases a la lucha de razas (es racista), de regiones, de géneros, de generaciones, de gremios; ha intervenido la educación boliviana con cubanos, arrogándose falsamente la meta ya lograda antes de acabar con el analfabetismo; ha concentrado el poder terminando con la democracia; usa la justicia para la represión política; ha renegado de ser boliviano mestizo y simula ser indígena; está entregado a un proyecto extranjero antiboliviano y neocolonial; incrementa y defiende los cultivos de coca ilegal; realiza entreguismo económico a extranjeros; con fraude y manipulación electoral desconoce el voto universal; corrupción institucionalizada; no hay igualdad ciudadana. El pueblo llama "robolución" a la contrarrevolución de Evo Morales.

*11 de abril de 2016*

## La guerra de Evo Morales contra los bolivianos

*Sin otra opción que reconocer la contundente derrota sufrida en su referéndum del 21 de febrero (21F), Evo Morales ha tratado de mistificar el rechazo que Bolivia le ha expresado, volviendo a mentir, echándole la culpa d*

Sin otra opción que reconocer la contundente derrota sufrida en su referéndum del 21 de febrero (21F), Evo Morales ha tratado de mistificar el rechazo que Bolivia le ha expresado, volviendo a mentir, echándole la culpa del resultado a la guerra sucia, la conspiración y las redes sociales. Ha anunciado que seguirá con el proyecto político castrista y ha confesado que se trata de una guerra, y que continuará la guerra. Las declaraciones de presidente de los sindicatos cocaleros y jefe del estado plurinacional de Bolivia son confesión de que la guerra que sostiene desde hace mas de diez años es "la guerra contra los bolivianos".

"Hemos perdido la batalla pero no la guerra" dijo el derrotado para luego explicar que no está en debate el programa de gobierno anti imperialista. Exactamente la retórica castrista de confrontación propia de una dictadura e imposible en democracia. En dictadura el jefe, el iluminado o en este caso el "jefazo" está por encima de todo, de la ley, del estado de derecho, de la libertad y por supuesto de la gente; solo él tiene la razón y cuando no es complacido en sus caprichos o su fraude electoral no alcanza como en el caso presente, le llama a eso "conspiración". Cuando el pueblo descubre su corrupción y lo agarran con las manos en la masa, con prueba preconstituida y fehaciente con la que cualquier ciudadano hubiera sido inmediatamente detenido por delitos de orden público con penas de más de 20 años de cárcel, le llama a eso "guerra sucia".

No hay que olvidar que parte de la franquicia y de la estrategia castristas para las dictaduras del socialismo del siglo XXI —aplicada rigurosamente por Evo Morales— es cometer delitos y acusar de los mismos a sus víctimas, como el caso de las 18 masacres sangrientas cometidas en sus 10 años de gobierno (y otras anteriores), de las que el último testimonio público son los 6 muertos en la alcaldía del El Alto días antes al referéndum del 21F, por la que los acusados serán las víctimas sobrevivientes, mientras que los operadores de la dictadura (que solo repitieron acciones de octubre de 2003) quedan a buen recaudo en el oficialismo.

La derrota de Evo Morales el 21F demuestra que en tiempos de la "revolución tecnológica y comunicacional", los gobiernos por dictatoriales y concentradores de todo el poder que sean, no pueden con las "redes sociales"; que no alcanzan el control de prensa, la censura de la prensa libre, el despido y persecución de periodistas, la compra de medios de comunicación por los jefes del gobierno con palos blancos y bajo presiones, las extorsiones y arreglos con empresarios para convertir sus canales, radios y periódicos en medios para-oficiales; ni el prevaricato a favor del gobierno para que haga propaganda electoral con dinero del estado, ni la malversación de fondos públicos para la campaña oficial, ni todos los crímenes que Morales y su gobierno han cometido y cometen a diario para manipular una "opinión publicitada" en reemplazo de la "opinión pública" que existe por las redes de internet que el dictador ya ha empezado a reprimir.

En democracia el oponente o el opositor son "adversarios" a los que se busca convencer o vencer en el marco de la libertad, pero en una dictadura el que no complace al dictador o no vota por él es un "enemigo" y al enemigo hay que destruirlo, aniquilarlo o someterlo. En ésta diferencia radica el valor de la confesión de Evo Morales — que acostumbra a confesar sus crímenes en conferencias de prensa como el 24 de febrero— diciendo que está en guerra y que "su guerra es contra los bolivianos" que mayoritariamente —más del 70% sin fraude— le han ordenado que deje el gobierno por corrupto, por mentiroso, por violador de los derechos humanos, porque existen presos y exiliados políticos, porque la evo-burguesía y la coca-burguesía ofenden al pueblo, y por un sinnúmero de razones que podrían abarcar todo el código penal.

"Hay guerras que no se pueden ganar" y son las guerras contra la vida, la libertad y el pueblo. Por eso Evo Morales empezó a perder y va perdido. Lo peligroso del momento que vive Bolivia después del 21F es lo que el derrotado —con todo el poder bajo su control— ha dejado claro que hará continuando con su guerra. Evo Morales se propone: perseguir, destruir, coaccionar o comprar a los líderes de los movimientos civiles y políticos que lo derrotaron; quiere intervenir y destruir la libertad de las redes sociales en el internet; va a dejar sin presupuesto ni fondos de contraparte a las gobernaciones y municipios donde ha perdido; va a desarrollar los mecanismos que pueda para destruir organizaciones sociales; en suma, más de lo mismo que viene haciendo con intimidación y violencia. Cuando Evo termine, habrá dejado a los bolivianos con la deuda externa e interna más grande de la historia, con el país convertido en narco estado, con el más alto nivel de confrontación entre bolivianos y sin ninguna institución creíble. Si se lo deja seguir su guerra habrá terminado con Bolivia.

Evo Morales en su guerra contra los bolivianos pretende que no quede nada ni nadie que no lo respalde, o que de lo contrario se "oculte el sol" como amenazó a los campesinos en su fallida campaña de prórroga. Esta es la manera como los Castro les están ganando la guerra a los cubanos, o como Chávez y Maduro le están ganando la guerra a los venezolanos. Lo que estos personajes no aclaran es que "su guerra es por su impunidad", porque si la democracia retorna no tienen escapatoria. Por eso lo importante del triunfo boliviano el 21F es que se trata del punto de inflexión que marca el principio del fin de los enemigos declarados de los bolivianos: Evo Morales, su gobierno dictatorial y sus mandantes castristas en Bolivia que están en guerra contra los bolivianos hace mucho tiempo.

*29 de febrero de 2016*

# El carnaval de los dictadores

*Es precisamente el propósito y la naturaleza de simulación y engaño la que muestra como "institucionalidad jurídica de carnaval" a la creada por los regímenes dictatoriales de Cuba, Venezuela, Ecuador, Bolivia y Nicaragua*

Los gobernantes no democráticos del socialismo del siglo XXI, o proyecto bolivariano en América Latina, ejercen y se aferran al gobierno con sus propias normas, las que han creado, una legislación con la que suplantaron el "estado de derecho" que estaba vigente cuando llegaron al poder. Esto presenta un escenario en que los violadores de la ley y la democracia se amparan en disposiciones jurídicas que prepararon especialmente para su beneficio, se protegen con ellas al margen de todo principio de respeto a los derechos fundamentales. Se trata de su "legalidad que no es lícita ni legítima", que ha hecho desparecer la igualdad jurídica de los ciudadanos y hace impunes a los gobernantes. Es un carnaval jurídico, el carnaval de los dictadores.

Carnaval es la fiesta popular, la celebración que precede a la cuaresma cristiana, la de las mascaradas, bailes, farras, comparsas, bullicios y regocijos, es por su propia naturaleza de simulación y fantasía. El carnaval representa un "periodo de permisividad y cierto descontrol", una ruptura simulada de la normalidad y por eso su característica de máscaras y disfraces. Es un hecho ficticio y esencialmente temporal, debería ser una fiesta de tres días pero es tan interesante y atractivo que hay lugares donde puede durar hasta tres semanas. Esta fiesta del desenfado, ha dado lugar a un concepto de contenido más serio que representa y sirve para señalar un "conjunto de informalidades y actuaciones engañosas".

Es precisamente el propósito y la naturaleza de simulación y engaño la que muestra como "institucionalidad jurídica de carnaval" a la creada por los regímenes dictatoriales de Cuba, Venezuela, Ecuador, Bolivia y Nicaragua. Son ordenamientos jurídicos integrados por normas que en estados democráticos nunca hubieran sido siquiera propuestas, no hubieran sido aprobadas, y en caso de alcanzar condición legal, hubieran sido denunciadas por la prensa libre, condenadas por la opinión pública, y pronta y definitivamente anuladas y/o corregidas por el órgano judicial o por el encargado del control de constitucionalidad.

El problema radica en que los "ordenamientos jurídicos de carnaval" están vigentes —por muchos años— en los estados sin democracia, controlan la vida y patrimonio de sus ciudadanos y respaldan los atropellos de los gobernantes que se presentan como presidentes cuando en que verdad son dictadores. En el carnaval de farándula un "bando bufo" es una proclama o declaración "cómica cercana a lo grotesco", pero en el carnaval de los dictadores del socialismo del siglo XXI son acciones de cada día, casi de cada acto de gobierno, de cada abuso, de cada violación de los derechos fundamentales, de cada acto de corrupción legalizado, de impunidad.

Recordemos las denominadas "leyes habilitantes", la mayoría con efectos jurídicos vigentes, que en Venezuela permitieron a Hugo Chávez y Nicolás Maduro gobernar dictatorialmente llevando el país a la crisis económica en la que se hunde. Basta revisar que la última "ley habilitante antiimperialista" otorgó a Maduro "poderes suficientes para defender la paz y el desarrollo integro de Venezuela ante la amenaza de EEUU" (no es un bando bufo, es solo un ejemplo de las leyes de carnaval). Pese al control absoluto de todos los órganos del estado hasta el 5 enero pasado, Chávez y Maduro usaron las leyes habilitantes a discreción.

La organización de defensa de la libertad de prensa Fundamedios de Ecuador, reporta en censuracom.ec que en el año 2015 Rafael Correa y su gobierno cometieron 377 agresiones contra la prensa libre, amparados en la "ley mordaza", cuyo contenido y aplicación la presenta como ejemplo del fantástico ordenamiento jurídico para blindar una dictadura, que entre sus perseguidos y exiliados tiene periodistas por columnas de opinión y trabajos de investigación, empresarios cuyos medios de comunicación siguen en poder del gobierno y dirigentes indígenas.

El Gobierno de Nicaragua acaba de expulsar del país al director para los programas de América Latina de la organización promotora de los derechos humanos Freedom House, para impedirle que se reúna con la sociedad civil. El hecho ha sucedido una semana después de que Feedom House calificó a Nicaragua como "parcialmente libre". El jefe del estado Daniel Ortega tiene ya aprobada su reelección lograda por simple procedimiento legislativo para perpetuarse en el poder.

En Bolivia el gobierno maneja una campaña de abusos y miedo, buscando modificar su propia constitución de carnaval de 2009 con un referéndum que permita la permanencia indefinida de Evo Morales. El control total del denominado Tribunal Supremo Electoral, de su propia creación y sometido totalmente al gobierno, es la esperanza de que el fraude logre lo que los bolivianos NO quieren. La corrupción de Evo Morales ya no se disimula: el último escándalo del "jefazo", sexo, créditos, cientos de millones de dólares y negocios con la China es sin duda el "carro alegórico" más importante de un carnaval que el oficialismo pretende disimular con más "bandos bufos" que ya nadie cree.

El dictador cubano Raúl Castro ha dejado en Francia la señal perfecta de su carnaval de 57 años con su nieto guardaespaldas Raúl

Guillermo Rodríguez Castro, y las amenazas denunciadas por el periodista Hugo Clement, quien cuando reclamó diciendo "es la libertad de prensa señor, no estamos en Cuba" recibió la respuesta "tienes suerte de que no estamos en Cuba…estarías muerto".

*08 de febrero de 2016*

# Evo Morales con amenazas, corrupción y fraude contra el NO

*Con la proximidad del referéndum del 21 de febrero (21F), más nervioso y dictatorial se presenta el gobernante cocalero de Bolivia en su afán de evitar que el triunfo del NO se concrete en las urnas y lo ponga oficialmente en la sala de embarque de los que dejan el poder con el terror de rendir cuentas y perder la impunidad*

La campaña anti democrática de Evo Morales es una cadena interminable y repetida de abusos, amenazas, corrupción y fraude contra el NO con que los bolivianos defienden la libertad.

El gran intelectual boliviano, el mestizo Franz Tamayo sentenció: "NO se es impunemente poderoso", y menos cuando el poder está fundado en la corrupción. El referéndum del 21F es en sí mismo un acto de corrupción, que en función y en servicio público es "la práctica consistente en la utilización de funciones y medios de las organizaciones públicas, en provecho económico o de otra índole, de sus gestores".

Corrupción es valerse del poder, de la función en beneficio propio. Cualquier tipo de beneficio obtenido en el mal uso o abuso del poder es corrupción, desde la coima o mordida, hasta la perpetuación indebida en el poder.

La corrupción de Evo Morales y su gobierno va desde los delitos económicos, de violencia y represión, hasta los políticos. De acuerdo a la Constitución Política de la República de Bolivia que suplantó y viola permanentemente, debió dejar el mando en enero de 2011. Fue públicamente corrupto cuando con violencia sobre el pueblo boliviano, coludido con su principal opositor oficial, con fraude electoral y ejecutando la ruptura constitucional cambió la norma fundamental que impedía su reelección continua.

Incurrió nuevamente en corrupción cuando violando su propia constitución forzó a su Tribunal Constitucional en 2014 para que lo habilite como candidato alegando que "la primera elección no contaba por haberse realizado en la desaparecida República de Bolivia". Ahora —faltando 4 años para la próxima elección a la que NO puede presentarse— Morales lidera nuevamente la corruptela organizando un referéndum en el que desde el poder total que ejerce, supone que tenía asegurado un nuevo resultado de "victoria manipulada".

Los mandamases y digitadores del socialismo del siglo XXI habían calculado todo para que Evo Morales tenga una cómoda victoria en el referéndum del 21F, pero se han encontrado con la sorpresa anticipada de que el pueblo boliviano NO quiere más dictadura. La razón por la que adelantaron 4 años el planteamiento de su prórroga es que el régimen sabe que su peor enemigo es el tiempo, ya que cada día que pasa se hace más evidente la crisis económica, la corrupción como política de estado, el narcotráfico, el fracaso del modelo neocomunista y centralista, y el rechazo de un pueblo ofendido por la ostentación de los nuevos ricos de la "evo-burguesía" o de la "coca-burguesía".

El proceso del referéndum presenta un escenario en que las encuestas marcan una diferencia del 8% al 15% en contra de Evo Morales, una Bolivia en la que el NO está impulsado por acciones cívicas que los jóvenes, los campesinos, las amas de casa, los intelectuales, los políticos de diferentes tendencias, los artistas, los periodistas, los militares y policías, e incluso los empleados públicos, todos los bolivianos NO sometidos, rechazan la repetición en Bolivia del modelo ya impuesto por la metodología castrista de control social en Venezuela, Nicaragua y en curso en Ecuador.

En contra de la realidad objetiva y de la voluntad popular, la campaña de Evo Morales con el mismo "si" usado por dictadores como Pinochet, copa todos los espacios de prensa, radio y televisión, despliega una millonaria propaganda llena de mentiras y amenazas. Morales y su equipo se presentan en comunidades y ciudades señalando que las obras públicas en curso o prometidas se perderán si gana el NO; le dicen a los campesinos que si gana el NO el sol se esconderá; han presentado papeles falsificados para denunciar y mentir diciendo que la campaña del NO está financiada por el imperialismo; han iniciado nuevos juicios contra ex dignatarios de Estado a quienes acusan de apoyar el NO; han hecho que su sistema de justicia represiva dicte oportunas condenas contra opositores; mantienen presos políticos, acusan y repudian a los exiliados; cortan fondos de la descentralización y de participación popular a gobernadores y alcaldes que dicen NO a su demanda.

Su Tribunal Constitucional falló esta semana autorizando "que cada acto de entrega de obras sea transmitido hasta por 2 horas cada uno" cuando sus normas electorales mandan que la transmisión no puede superar 15 minutos; han mandado despedir periodistas; tienen el control de cadenas estatales y para estatales de prensa, televisión y radio a las que NO accede el NO; están pagando encuestas a favor del oficialismo para falsear datos y justificar el fraude. Evo rechaza el debate y pone la agenda en los medios; Evo ha acusado que la campaña por el NO la lideran un perro y un zorro, pero el perro no habla y Evo escapa del zorro.

Toda la corruptela por el "si" tiene el objetivo de preparar el terreno para el FRAUDE ELECTORAL ya organizado y en curso. El fraude más duro se implementa en el campo donde imponen el "voto comunitario" e impiden con violencia la campaña por el NO, buscando "resultados de cero para el NO". El voto en el exterior es fuente importante de fraude. La OEA ha observado el padrón electoral, se ha demostrado que muertos están listos para votar, que el vice de Evo fue inscrito con anomalías respecto a su servicio militar, que miembros de las Fuerzas Armadas son forzados a hacer campaña por el sí; que Evo hace proselitismo junto con miembros el Tribunal Supremo Electoral…!!! Es solamente la forma de ser y de hacer política de Evo Morales con amenazas, corrupción y fraude.

*01 de febrero de 2016*

## El oprobio de los 10 años de Evo Morales

*Evo Morales ha cumplido el 22 de enero 10 años en el poder. Empezó siendo presidente de la República de Bolivia, pero aplicando el modelo del socialismo del siglo XXI se convirtió en el jefe del Estado Plurinacional.*

Evo Morales ha cumplido el 22 de enero 10 años en el poder. Empezó siendo presidente de la República de Bolivia, pero aplicando el modelo del socialismo del siglo XXI se convirtió en el jefe del Estado Plurinacional. Comenzó como el mandatario de un país con una democracia en crisis y se transformó en un dictador. Con protección internacional y servicios de relaciones públicas sostiene la falsa imagen de democracia y de líder indígena, entre otras imposturas. Las pruebas de sus crímenes, su corrupción, su subordinación a poder externo, la sospecha de convertir a Bolivia en un narco estado, las persecuciones políticas, la existencia de presos y exiliados políticos parecen ignoradas. Debió estar 5 años en la presidencia y después de 10, ha amarrado su permanencia hasta el 2020 y está manipulando para quedarse indefinidamente. Son diez años de oprobio, es el Gobierno de Evo Morales.

Es una historia de ignominia, afrenta y deshonra contra el pueblo boliviano y la patria. Es un tiempo de destrucción y violación de la libertad, la democracia, los derechos fundamentales, la economía y el futuro del país, que se pueden verificar con los datos de la realidad objetiva siguientes:

- Evo Morales terminó con el estado de derecho y con la democracia, suplantó la Constitución Política de la República de Bolivia y perpetró un "golpe parlamentario" mediante la ley 3941 con la que terminó haciendo redactar la constitución del Estado Plurinacional en los términos del nuevo constitucionalismo del socialismo del siglo XXI, para luego pasarla por el fraude electoral de un referéndum.

- En sus diez años de Gobierno violó los derechos humanos con intervención extranjera para asegurar su poder y es responsable impune de más de 17 masacres: Papel Pampa (Oruro 9 junio 2006), Yungas de Vandiola (29 de septiembre 2006), Cerro Posoconi (Huanuni 5-6 octubre 2006), Caihuasi (12 Noviembre 2006), Cochabamba (11 Enero 2007), Villamontes (17 Abril 2007), Normal de Vacas (Cochabamba 28 septiembre 2007), La Calancha (Sucre 24 de Noviembre 2007), Gira Meruvia (Chapare 16 Enero 2008), Santa María (Oruro 24 Marzo 2008), Caihuasi (5 Agosto 2008), discapacitados (8 Agosto 2008), El Porvenir (Pando 11-12 Septiembre 2008), cerco a Santa Cruz (17 Septiembre 2008), Hotel Las Américas (Santa Cruz 15 al 16 de Abril 2009), Caranavi (8 Mayo 2010), Yapacaní (11 Enero 2011), y Chaparina (25 Septiembre 2011)

- El año 2006 la deuda externa de Bolivia era prácticamente cero, con leyes de impuestos y de coparticipación que sostenían la participación popular, un Estado descentralizado y municipalizado. Hoy Bolivia tiene la deuda externa más alta de su historia, se oculta la deuda interna pública, no se sabe el detalle de los créditos chinos. Ha implantado el estatismo y el centralismo, ya no hay independencia del Banco Central ni de la Contraloría. Ha estatizado los fondos de pensiones, cobra impuesto a las pensiones y saca fondos millonarios del Banco Central para gastos. Ha dilapidado el buen momento de precios internacionales, la crisis está llegando.

- El año 2003 los cultivos de coca ilegal —defendidos por Morales— eran de 3.000 hectáreas y ahora están en el torno de las 40.000, sin posibilidad de verificación real. Morales expulsó la cooperación internacional. La prevalencia en el consumo de droga en Bolivia ha subido más del 1.000 por ciento en los 10 últimos años. Evo sigue de líder máximo de los cocaleros. Su jefe antinarcóticos, general René Sanabria, ha sido condenado a 14 años y cumple prisión en Estados Unidos por conspiración y tráfico de drogas.

- Con su Estado Plurinacional creó un nuevo sistema de justicia: el brazo represivo del régimen. Ha judicializado la represión y criminalizado la política. Hay cientos de perseguidos políticos, cerca de 1.000 bolivianos refugiados y exiliados en Brasil, Perú, Paraguay, España y Estados Unidos, según la ONU, y tiene más de 30 presos políticos. Persigue a sus propios cuando se resisten a seguir cumpliendo sus órdenes violatorias de los derechos como los casos del juez Cusi o del fiscal Sosa. Los bolivianos viven en "indefensión".

- No hay libertad de prensa. Medios y redes importantes están bajo control de su régimen. La censura es directa. Periodistas han sido amenazados, despedidos o procesados contando entre sus recientes víctimas a John Arandia y Amalia Pando. Propietarios de medios están obligados a la censura para proteger sus negocios.

- La corrupción es parte del Gobierno, pero la impunidad basada en la amenaza y el uso de la fuerza evita su conocimiento y castigo. El caso más notorio del Fondo Indígena demuestra que Evo Morales se benefició con recursos de la corrupción destinados a su acto de posesión en Tiwanacu y que cometió encubrimiento mediante instrucciones a sus subalternos. La política de la corrupción está resumida en la célebre afirmación del dictador: "Cuando me dicen que algo es ilegal, yo le meto nomás y les digo a los abogados que arreglen, para eso han estudiado…".

La extensión de este trabajo impide mayor desarrollo cualitativo y cuantitativo, pero podemos recordar que Evo Morales fue el más violento y sangriento actor como cocalero desde 1990, que llegó al poder luego de sucesivas conspiraciones y sediciones contra los gobiernos democráticos de Bolivia, que tuvo éxito en 2003 subordinado al eje Caracas-La Habana, con violencia extrema, con presencia de grupos armados nacionales y extranjeros. Es el oprobio.

# Prensa internacional libre para evitar el fraude en Bolivia

*Lo maneja todo, pero en el 21F Morales y su gobierno están en evidencia, ya no pueden tapar la corrupción ni el fracaso del modelo estatista y centralista, ni su dependencia de la transnacional fundada por Chávez*

El socialismo del siglo XXI y su factor Evo Morales utilizan el referéndum del 21 de febrero (21F) en Bolivia como escenario para mostrar que el derrumbe de su modelo antihistórico y antipopular —derrotado el 2015— puede ser al menos demorado. El declinante proyecto castro-chavista necesita con urgencia un triunfo en Bolivia con el "Sí" dictatorial. El pueblo boliviano está por el "No" al abuso, a la corrupción, la impunidad, el narcotráfico, la violación de la libertad de expresión y de prensa, la existencia de presos y exiliados políticos, en suma "No" a la ausencia de estado de derecho y democracia. Bolivia quiere que Morales deje el gobierno y rinda cuentas. A cinco semanas del 21F el "No" gana ampliamente, pero el dictador cocalero usa la amenaza, el miedo, la represión, la corrupción y el fraude para simular un resultado a su favor. El pueblo boliviano necesita —ahora— el seguimiento de la prensa libre internacional para verificar y evitar el fraude.

El sistema electoral boliviano es sólo una tecla del poder total de Evo Morales. Ha sido construido para aplicar el concepto que "elecciones son democracia" y que "el jefe siempre gana las elecciones". En Bolivia, como todos los países del socialismo del siglo XXI, el sistema de identidad personal ha sido modificado y está bajo control del

Gobierno, el mapa electoral cambia para organizar distritos favorables al régimen, líderes políticos y cívicos están presos o exiliados por la persecución judicializada y se busca su muerte civil. El dictador del dinero ilimitado, cuyas fuentes no explica y usa arbitrariamente los recursos y bienes del estado, ha aprobado leyes electorales infames que limitan la campaña de la oposición, rompe sus propias normas, y finalmente ¡"hace campaña con miembros de su tribunal electoral"!

Haciendo paralelismo con el fútbol, en Bolivia se sabe que Evo Morales en elecciones y en campaña por el "Sí", es dueño de la cancha de juego, de la pelota, de los medios y periodistas que transmiten el partido, tiene comprados los árbitros que incluso juegan a su favor, patea, inhabilita y saca de la cancha a los adversarios, manipula algunos jugadores del equipo contrario, tiene amenazado al público, controla los veedores internacionales, tiene amarrado el resultado a su favor. No existe ningún elemento de elecciones "libres, justas y basadas en el sufragio universal y secreto como expresión de la soberanía del pueblo". Lo maneja todo, pero en el 21F Morales y su gobierno están en evidencia, ya no pueden tapar la corrupción ni el fracaso del modelo estatista y centralista, ni su dependencia de la transnacional fundada por Chávez, no engañan más respecto a su rol y al narcotráfico. El pueblo sufre sus abusos y prepotencia, pero ya no sirve el discurso de acusar a los gobiernos o líderes políticos a los que Morales ha victimado; la prebenda ya no alcanza, el discurso antiimperialista está deteriorado, ya no le creen la farsa del indigenismo, ni de ser de izquierda… ¡el dictador está desnudo!

La campaña de Morales, como las de Maduro, Kirchner, Correa, Ortega, está fundada en el miedo. Amenaza a las comunidades con obras o beneficios como si los recursos fueran de su bolsillo. Atemoriza a los ciudadanos diciendo que al perder el "Sí" viene la crisis, cuando lo que en verdad hace con el referéndum —anticipado cuatro años a la próxima elección— es tratar de amarrarse antes de que la crisis económica que ya existe se agudice (según sus propios datos el gobierno de Bolivia sufrió un descenso de $2.068 millones en reservas el 2015). Presiona a líderes regionales, cívicos y políticos cuando van por el "No". Reinició una investigación sobre gastos reservados contra Quiroga y Mesa que declararon por el "No". Mandó abrir dos nuevos juicios contra Sánchez de Lozada y Sánchez Berzain, a quienes acusa dirigir la campaña del "No". También reactivó la persecución contra los exgobernadores de Chuquisaca, Sabina Cuellar, y de Cochabamba, Reyes Villa. Ha acuñado la señal que quien no se calla o no apoya el "Sí", será perseguido, despedido y criminalizado, y nada de esto es noticia.

Morales por medio de su presidente del Senado ha llegado al extremo de que se presenten documentos falsificados denunciando a instituciones prodemocracia de los Estados Unidos acusándolas de elaborar un "plan estratégico para Bolivia" extraordinariamente igual los del servicio de inteligencia cubano en el "asesinato de la reputación" de personas e instituciones. La cobertura de noticias debe ser a favor del oficialismo, los líderes, exiliados o presos no pueden tener cobertura, y si sucede debe ser sólo para discutir la agenda de falsas acusaciones con las que el Gobierno los persigue y como amenaza a la ciudadanía. Una intensa campaña de imagen de Evo Morales en el exterior, con rótulos de "exitoso, indígena y demócrata", con gastos millonarios de relaciones públicas y de lobby que no se revelan, completa el escenario.

"La campaña por el 'No' es una causa ciudadana por Bolivia, no tiene jefes, es de todos los bolivianos que luchamos por el retorno del Estado de Derecho y la democracia". El "No" son cientos, miles, millones de campañas, casi cada boliviano hace su campaña por el "No", amenazado por las acciones estalinistas de Evo Morales.

Por eso es urgente que la prensa libre internacional mire a Bolivia, para que más allá de los grandes intereses económicos y cuentas que mueven los regímenes de Cuba, Venezuela, Ecuador, Nicaragua y otros para continuar con la farsa, se sepa la verdad y se garantice a los bolivianos que su voto no será falsificado y que los gobiernos en Bolivia vuelvan a tener fecha de retiro y obligación de rendir cuentas.

*18 de enero de 2016*

# JUSTICIA

## Las leyes infames

Conceptualizo una "ley infame" como "la norma que elaborada y establecida siguiendo el procedimiento formal para su creación, viola en su objeto y contenido los derechos humanos y las libertades fundamentales". Son leyes en el aspecto formal, pero en el marco del estado de derecho, de la justicia y de la seguridad jurídica, son disposiciones carentes de verdadero sentido de legalidad y sin legitimidad. Este es el tipo de normas que pierden incluso la denominación de "ley" y son frecuentemente dictadas como instrumentos de opresión y represión en las dictaduras del socialismo del siglo XXI en Cuba, Venezuela, Ecuador, Bolivia y Nicaragua.

Se trata de disposiciones del régimen que se tramitan y aprueban por asambleas legislativas sometidas a la voluntad del jefe de Gobierno que las controla con mayorías absolutas conseguidas también en base a normas y sistemas electorales que instituyeron el fraude. Los órganos de legislación han sido convertidos en simples tramitadores o "levanta manos" para cumplir la voluntad del presidente, que perdiendo en rigor tal condición, ejerce como dictador. Todo este andamiaje de "falsa institucionalidad" está fundado en las constituciones políticas que suplantaron precisamente para que sea la base de la "detentación indefinida del poder total" con simulación de la división e independencia de poderes. El complemento final es un poder judicial también subordinado que ratifica y declara cada que es necesaria la "constitucionalidad de las leyes infames".

Las leyes violatorias de derechos humanos y libertades fundamentales se denominan "leyes infames" porque infame es aquello que "carece de honra, crédito y estimación", es por definición lo "muy malo y vil en su especie". Pero además en el caso de tales normas, aunque hayan cumplido los procedimientos legislativos, no les corresponde siquiera la denominación de leyes porque una ley es un "precepto dictado por autoridad competente, en el que se manda o prohíbe algo en consonancia con la justicia y para el bien de los gobernados". Aún forzando que los legisladores levanta manos y las mayorías del oficialismo dictatorial tuvieran "competencia", las leyes infames no contienen "consonancia con la justicia" y en lugar de buscar el bien de los gobernados están violando sus derechos inalienables. Toda la doctrina sobre "la ley" ratifica y refuerza que a las "leyes infames" no son leyes, que son "instrumentos de opresión nulos de plenos derecho" y prueba de responsabilidad penal y política contra sus autores y aplicadores.

Para poner en evidencia las "leyes infames" solo hay que recordar la "Declaración Universal de los Derechos Humanos" aprobada y proclamada por la Organización de Naciones Unidas el 10 de diciembre de 1948, que establece y reconoce que "toda persona tiene derecho a la vida, la libertad y la seguridad de su persona; que nadie será sometido a esclavitud ni a servidumbre…;que nadie será sometido a torturas, ni a penas o tratos crueles, inhumanos o degradantes; derecho en todas partes al reconocimiento de su personalidad jurídica; que todos son iguales ante la ley; la presunción de inocencia; la irretroactividad de la ley; el respeto a vida privada, la honra y la reputación; a circular y viajar libremente; al asilo; a tener una nacionalidad; al matrimonio y a la familia; a la propiedad individual y colectiva y a no ser privado arbitrariamente de su propiedad; la libertad de pensamiento, de conciencia y de religión; la libertad de opinión y de expresión; la libertad de reunión y asociación; a participar del gobierno, a elecciones auténticas, al sufragio universal e igual por voto secreto; a la seguridad social; al trabajo; al descanso;

a la salud, a la maternidad; a la educación; a la libre vida cultural y a sus derechos de autor; y que estos derechos y libertades sean plenamente efectivos"

En Cuba, Venezuela, Ecuador, Bolivia y Nicaragua, las leyes infames -que violan los derechos y libertades fundamentales- se han convertido en la base del control político y de miedo que estos regímenes ejercen. Los ciudadanos de cada uno de estos países pueden y deben señalar como infames estas írritas disposiciones que en lugar de constituir garantía son herramienta dictatorial. En Cuba las disposiciones de prohibición de asociación, de peligrosidad predelictiva, de partido único, de control del comercio, de prohibición de viaje, tipificaciones de delitos, procedimientos de juicios, el sistema que denominan de seguridad del estado, las normas restrictivas a la libertad de comunicación y de expresión, gran parte de la estructura legal esta compuesta por "leyes infames" y son el ejemplo de la franquicia extendida a los países bajo el control castrista.

En Venezuela la concesión de poderes extraordinarios al jefe de Gobierno, las normas sobre licencias de telecomunicaciones, las violaciones de la propiedad privada, la persecución política, expropiaciones, juicios que tienen preso político a Leopoldo López y más, que inhabilitan candidatos,....son legales para la dictadura (pero no lícitos ni legítimos) porque están fundados en "leyes infames". En Ecuador la "ley mordaza", el procedimiento por el que Correa pretende re-reelegirse, el denominado "mandato 13" un tema de estudio de caso universal,... son "leyes infames". En Bolivia las manipulaciones para la reelección indefinida de Evo Morales, los procedimientos para enjuiciar y condenar dirigentes políticos y sociales, el avasallamiento de los territorios indígenas, las normas de encubrimiento de la corrupción, la retroactividad con pretexto de lucha contra la corrupción, designaciones, concesiones y más, están todas fundadas en "leyes infames". En Nicaragua además de todas las leyes ya vigentes y similares a las de los países mencionados, Daniel Ortega ahora "quiere una ley para callar y espiar opositores", o sea una nueva "ley infame".

*11 de Noviembre de 2015*

## Asamblea Nacional de Venezuela
## debe cesar ramas tiránicas del poder nacional

*La manipulación abierta y descarada de los poderes Ejecutivo, Judicial, Ciudadano y Electoral puesta en evidencia desde diciembre de 2015, hacen de estos poderes ramas tiránicas porque "el uso abusivo y cruel del poder que usurpan, un poder injusto en su ejercicio que reprime la oposición y que evita el cumplimiento de la Constitución".*

La situación de Venezuela alcanza niveles de extrema gravedad ante la contumaz actitud de Nicolás Maduro que indiferente a la crisis humanitaria a la que somete a su pueblo, para evitar ser revocado y mantener impunidad, digita todos los órganos del poder público con excepción de la Asamblea Nacional a la que acosa, interfiere e incluso suplanta. Las acciones del gobierno venezolano para mantenerse en el poder son actos no democráticos, constituyen tiranía, y la obligación constitucional de la Asamblea Nacional es ejercer sus competencias para restaurar la democracia cesando a las ramas tiránicas del Poder Nacional.

Maduro que fue el señalado sucesor de Hugo Chávez, empezó como un gobernante autoritario con serios cuestionamientos de legitimidad, se convirtió muy pronto en un dictador emulando a su mentor, y en su desesperación de mantenerse en el poder es ahora un "tirano", o sea "un individuo que tiene contra derecho el gobierno de un Estado y lo rige sin justicia y a la medida de su voluntad". La manipulación abierta y descarada de los poderes Ejecutivo, Judicial,

Ciudadano y Electoral puesta en evidencia desde diciembre de 2015, hacen de estos poderes ramas tiránicas porque "el uso abusivo y cruel del poder que usurpan, un poder injusto en su ejercicio que reprime la oposición y que evita el cumplimiento de la Constitución"

Como satélite de la dictadura cubana y aplicando la estrategia castrista para retener el poder a como de lugar, Maduro se ha burlado de los mecanismos constitucionales que la oposición le brindó para una salida institucional, ha despreciado las acciones internacionales, ha ganado tiempo para blindar su régimen y ha justificado con creces el informe Almagro que activó la Carta Democrática Interamericana. Nadie ecuánime en el mundo duda hoy sobre la naturaleza dictatorial del régimen venezolano. La crisis económica es ya una crisis humanitaria que Maduro utiliza para perpetuarse administrando el hambre, la escasez y el miedo como herramientas de poder en el marco de la prebenda populista y la represión castrista.

Desde su derrota en las elecciones legislativas de 2015 y cuando la oposición unida tomó la mayoría del Poder Legislativo, todas las acciones del régimen por medio del Poder Ejecutivo, del Poder Judicial, del Poder Electoral y del Poder Ciudadano han estado destinadas a desconocer las potestades de la Asamblea Nacional y evitar que el referéndum revocatorio se realice el año 2016. Han demostrado al mundo que en Venezuela no existe división ni independencia de los órganos del poder público , que no existe estado de derecho, que el Poder Judicial es un apéndice del Ejecutivo, que el Poder Electoral es una dependencia del Ejecutivo lo mismo que el Poder Ciudadano; que existen y aumentan los presos y exiliados políticos, que se cometen crímenes de estado, que la corrupción es un elemento esencial del régimen, que se violan sistemáticamente los derechos humanos, que no hay libertad de prensa, y que la pelea de fondo es por impunidad para los integrantes del régimen (nuevos ricos y muchos de ellos señalados autores del narco estado en que han convertido a su país).

Los actos tiránicos inician con el nombramiento de militantes como magistrados del Tribunal Supremo de Justicia (TSJ) antes de que la ya elegida Asamblea Legislativa tome posesión; son los fallos del TSJ contra la Asamblea Legislativa (33 en 10 meses) y de jueces encargados de la represión política que enjuician, cautelan y persiguen a los opositores y ahora ordenan paralizar la recolección de firmas para el revocatorio; son las decisiones del Consejo Nacional Electoral (CNE) y de sus dependencias como el convertir el 20% nacional de firmas necesarias para el revocatorio en estatal, la reducción de tiempos, la disminución de centros electorales, la paralización del proceso por ordenes de juzgados estatales; es la criminalización de la política y la judicialización de la represión, y mas.

Frente a esto —usando la terminología de la Constitución de la República Bolivariana de Venezuela— al Poder Público Nacional solo le queda un componente democrático y es el Poder Legislativo Nacional integrado por la "Asamblea Nacional", a la que de acuerdo al Art. 187 Inc 1 de la Constitución le corresponde "legislar…. sobre el funcionamiento de las distintas ramas del Poder Nacional", esto es sobre el funcionamiento de los poderes Ejecutivo, Judicial, Ciudadano y Electoral. El art. 138 de la misma Constitución establece que "toda autoridad usurpada es ineficaz y su actos son nulos", pero los usurpadores mandan, persiguen, tiranizan.

Corresponde a la Asamblea Nacional hacer uso de su facultad constitucional de legislar "sobre el funcionamiento de las distintas ramas del Poder Nacional" disponiendo la cesación de las ramas usurpadoras y tiránicas por hechos que comprometen los "Principios Fundamentales de la República de Venezuela" expresados en el Art. 1 de la Constitución, que proclama la República como "irrevocablemente libre e independiente y fundamenta su patrimonio moral y sus valores de libertad, igualdad, justicia y paz internacional en la doctrina de Simón Bolívar, el Libertador". La Asamblea Nacional tiene la obligación de hacer cumplir el Art. 2 de la Constitución que manda "Venezuela se constituye en Estado Democrático y social de Derecho y de Justicia, que propugna como valores superiores de su ordenamiento jurídico y de su actuación, la vida, la libertad, la justicia, la igualdad, la solidaridad, la democracia, la responsabilidad social y en general la preeminencia de los derechos humanos, la ética y el pluralismo político".

Los partidos y ciudadanos que integran Asamblea Nacional de Venezuela tienen la obligación ineludible, el desafío y la oportunidad histórica de salvar a su pueblo, a sus mandantes, mediante la simple cesación de las ramas tiránicas el Poder Nacional.

*22 de octubre de 2016*

# Nulidad e inefectividad de fallos
## que violan derechos humanos

*Este es el apretado resumen del "iter criminis" o camino del delito de los Castro, Chávez y Maduro, Correa, Morales y Ortega; de Cuba, Venezuela, Ecuador, Bolivia y Nicaragua, que usando "leyes infames" producen "sentencias infames" o fallos que violan los derechos humanos*

Jueces y fiscales designados y al servicio de los gobiernos no democráticos del socialismo del siglo XXI en América Latina son herramientas de represión política y control social que Cuba, Venezuela, Ecuador, Bolivia y Nicaragua utilizan para presentar como decisiones de justicia el asesinato de la reputación, la apropiación indebida de bienes, la persecución, inhabilitación y prisión de ciudadanos inocentes. Los dependientes y manipulados sistemas de justicia de las cinco dictaduras de la región —además de ser prueba de la ausencia de democracia— constituyen fuente constatable de violación de los derechos humanos y las libertades fundamentales. Sus fallos judiciales o "sentencias infames" deben ser señalados como nulos e inefectivos en los países democráticos donde rige el estado de derecho.

La "separación e independencia de los poderes públicos" es el elemento esencial de la democracia establecido en el articulo 3 de la Carta Democrática Interamericana, que garantiza la existencia de un poder judicial libre del control e incluso de la influencia del poder político. Los jueces tienen potestad jurisdiccional para aplicar la ley y están obligados a dictar fallos de acuerdo a los datos del proceso y en función de las normas de derecho para brindar "justicia". Las mínimas condiciones de un juez —establecidas en todas las leyes judiciales del mundo civilizado— son "idoneidad, imparcialidad e independencia". Sócrates enseñó que "cuatro características corresponden al Juez: escuchar cortésmente, responder sabiamente, ponderar prudentemente y decidir imparcialmente".

Se han escrito miles de libros, tratados, constituciones, leyes y decisiones judiciales destacando la importancia de la independencia de la función judicial. Los jueces —además del honor, la libertad, la propiedad y la vida de los ciudadanos— tienen en sus manos el control de constitucionalidad, esto es, la garantía y la decisión de determinar si los actos de los otros poderes u órganos del poder están en el marco de la Constitución, y por lo tanto si son válidos o no. Por eso, en la "separación e independencia de los poderes públicos", y en última instancia en un poder judicial mínimamente independiente, descansan los otros elementos esenciales de la democracia como "el respeto a los derechos humanos y libertades fundamentales, el acceso al poder y su ejercicio con sujeción al estado de derecho, la celebración de elecciones periódicas, libres, justas…". Son principios de civilización universal y también principios universales de derecho, base de la organización política en libertad y democracia.

En la manipulación y disfraz de estos principios radica la genialidad criminal de los socialistas del siglo XXI, que inspirados y guiados por la brutal experiencia dictatorial castrista, articularon sistemas judiciales propios, serviles y utilitarios, como instrumento de represión y control social. Con modificaciones y suplantaciones constitucionales, con destituciones masivas, con discurso antiimperialista, con designaciones demagógicas, con sustitución de leyes y procedimientos, e incluso haciendo nacer nuevos estados, crearon su sistema judicial. Su justicia propia les da apariencia de evitar ser responsables directos de cometer los descarados crímenes de los primeros años del castrismo con fusilamientos, torturas y encarcelamientos, y les permite lograr similares o mejores resultados mostrando a sus víctimas como criminales, acusados y sometidos a procesos o juicios por gravísimos delitos, encarcelarlos, obligarlos al exilio, privarlos de todos sus derechos, apropiarse de sus bienes, asesinarles la reputación y además…presumir que se trata de actos de justicia que corresponden a la justicia y no al gobierno.

La revisión de cualquier expediente de acusados, presos, perseguidos y condenados por los jueces infames del socialismo del siglo XXI, muestra cuanto menos la violación del "debido proceso legal", la ausencia del "juez imparcial", la limitación indebida de la "libertad", el desconocimiento del "derecho de defensa en juicio", la extinción total de "la igualdad jurídica de las partes", el desconocimiento de "la irretroactividad de la ley" , en muchos casos el "prejuzgamiento" porque el dictador anuncia la acusación y la sentencia previamente por los medios de comunicación. Son juicios con órdenes, sentencias, fallos judiciales que violan abiertamente los derechos humanos consagrados en los artículos 1,2,3,5,6,7,8,9,10,11 de la Declaración Universal de Derechos Humanos.

Es el caso del número indeterminado de presos políticos, de exiliados, de perseguidos, de acusados en Venezuela, Cuba, Ecuador, Bolivia y Nicaragua. Es el caso de mujeres y hombres de honor que han cometido el crimen de actuar en política, ser empresarios exitosos, estudiantes rebeldes, periodistas acuciosos, disentir o denunciar los abusos y corrupción de tales gobiernos, o simplemente haber quedado constituidos como elementos de interés para el régimen.

Este es el apretado resumen del "iter criminis" o camino del delito de los Castro, Chávez y Maduro, Correa, Morales y Ortega; de Cuba, Venezuela, Ecuador, Bolivia y Nicaragua, que usando "leyes infames" producen "sentencias infames" o fallos que violan los derechos humanos. Que con tales fallos, persiguen a sus víctimas por todo el planeta, piden y en algunos casos logran que los gobiernos democráticos los apliquen. El efecto es devastador para las víctimas, pero también para el resto de los ciudadanos que quedan "vacunados" para no meterse en política ni oponerse al dictador. Nadie escucha ni repara en que se trata de fallos que por violar los derechos humanos, aunque se presenten como "cosa juzgada", son y deben ser declarados nulos de pleno derecho y fundamentalmente "inaplicables en y por las democracias" del mundo.

*11 de septiembre de 2016*

# Dictador Maduro a la Corte Penal Internacional

*Si Maduro y los miembros de su sistema político administrativo, judicial, electoral, militar, policial, de seguridad y de comunicación no cesan de inmediato en sus acciones y omisiones criminales, es pertinente abrir una investigación ante la Corte Penal Internacional*

Entre los efectos que ha producido la activación de la Carta Democrática Interamericana realizada en la reunión de Consejo Permanente de la OEA el 23 de junio de 2016 , está la responsabilidad personal de Nicolás Maduro y los miembros de su régimen. A partir del informe del Secretario General Luis Almagro y por la situación a la que está sometido el pueblo venezolano, está abierto el ámbito de la responsabilidad penal internacional por "crímenes contra la humanidad o de lesa humanidad". Si Maduro y los miembros de su sistema político administrativo, judicial, electoral, militar, policial, de seguridad y de comunicación no cesan de inmediato en sus acciones y omisiones criminales, es pertinente abrir una investigación ante la Corte Penal Internacional.

La Corte Penal Internacional, que también se denomina Tribunal Penal Internacional, es el organismo judicial internacional de carácter permanente con competencia para conocer y condenar el "genocidio, los crímenes de lesa humanidad, los crímenes de guerra y el crimen de agresión" considerados como los "crímenes más graves de trascendencia internacional", cometidos por individuos. El Estatuto de Roma entiende por "crimen de lesa humanidad" cualquiera de los actos que enumera en su artículo 7, "cuando se cometa como parte de un ataque generalizado o sistemático contra una población civil", señalando entre esos actos —aplicables para el caso— el asesinato, la tortura, la encarcelación u otra privación grave de la libertad física en violación de normas fundamentales de derecho internacional, la persecución de un grupo por razones políticas…, y "otros actos inhumanos de carácter similar que causen intencionalmente grandes sufrimientos o atenten gravemente contra la integridad física o la salud mental o física".

El mismo Estatuto de Roma da los conceptos de los actos considerados como crímenes de lesa humanidad. Por ejemplo, establece que se entiende por "persecución, la privación intencional y grave de derechos fundamentales en contravención del derecho internacional en razón de la identidad del grupo o de la colectividad", que para el caso de las acciones de Nicolás Maduro y sus entornos, están probados con la violación de los derechos humanos (parte esencial del derecho internacional) como el debido proceso, la presunción de inocencia, el juez imparcial, la irretroactividad de la ley, y más, respecto a los presos políticos como Leopoldo López, Antonio Ledezma y decenas de civiles y militares venezolanos reducidos a esa situación solo por ser opositores, y por medio de un sistema judicial operado por el dictador como instrumento de represión.

Estos hechos, que en el informe de Luis Almagro que produjo la activación de la Carta Democrática Interamericana se presentan como violaciones a los elementos esenciales de la democracia, constituyen delitos de lesa humanidad en la competencia del Tribunal Penal Internacional, igual que los "actos inhumanos" que se prueban y denuncian todos los días por las redes sociales y la prensa libre, mostrando venezolanos que mueren por falta de medicinas, por crímenes, o que simplemente sufren hambre por acciones de responsabilidad directa de Maduro y su régimen.

El prefijo "lesa" significa que se trata de crímenes que ofenden, agravian e injurian a la humanidad, y eso es precisamente lo que sucede en Venezuela y lo que ha puesto en evidencia el Secretario Almagro en adecuado cumplimiento de sus funciones. Los estados parte del Estatuto de Roma pueden remitir al Fiscal solicitudes de investigación, pero además, el artículo 15 del Estatuto señala que el Fiscal, de oficio, puede iniciar una investigación sobre la base de información acerca de un crimen de competencia de la Corte. Si el Fiscal lee el informe Almagro o simplemente revisa la prensa internacional respecto a la situación de Venezuela, encontrará que tiene un sólido caso, cuya desatención podría comprometer el correcto ejercicio de sus funciones.

Ya varios dictadores han sido sometidos a la Corte Penal Internacional y sus procesos y condenas empiezan a sentar precedente. Si Maduro como expresión del socialismo del siglo XXI en Venezuela persiste en bloquear una salida democrática a la situación dictatorial a la que somete a su pueblo, debe tener la seguridad que más pronto que tarde, en el gobierno o cuando lo hayan retirado de él, deberá responder por sus crímenes de manera personal, y ciertamente acompañado por los individuos que ejerciendo autoridad y competencias judiciales, electorales, militares y de cualquier tipo, cometen a diario delitos que el sistema democrático internacional no debe ni puede pasar por alto.

Solo quedan dos opciones —que no tardarán en definirse— respecto a Maduro, sus digitadores y los arbitrarios detentadores del poder en Venezuela. La planteada por el pueblo venezolano y valientemente recogida por el Secretario General Luis Almagro y los defensores de la libertad: "referendo revocatorio en 2016 y liberación de los presos políticos"; o la investigación, procesamiento y condena de Maduro y sus entornos por delitos de lesa humanidad ante "la Corte Penal Internacional".

*04 de julio de 2016*

# Justicia dictatorial y sentencias infames

*Los gobiernos del socialismo del siglo XXI han convertido el poder judicial en un instrumento de represión política para el control de las sociedades que oprimen*

Los gobiernos del socialismo del siglo XXI han convertido el poder judicial en su instrumento de represión política para el control de las sociedades que oprimen. La persecución política en Cuba, Venezuela, Ecuador, Bolivia y Nicaragua se ejerce por medio de acusaciones oficiales contra opositores y ciudadanos en general, a los que han marcado como objetivos, procesándolos por hechos falsos o por delitos que han sido cometidos por el propio acusador. Los fiscales y jueces proceden con la farsa de formalizar decisiones previamente indicadas —incluso públicamente— por el dictador. Las determinaciones de esta justicia dictatorial no pueden tener ningún efecto en los países con democracia porque se trata de "sentencias infames", nulas de pleno derecho.

En un anterior trabajo he planteado como definición de "ley infame", "la norma que elaborada y establecida, siguiendo el procedimiento formal para su creación, viola en su objeto y contenido los derechos humanos o las libertades fundamentales". Se trata de normas que no deberían existir, porque ninguna disposición "legal" puede atentar contra los derechos humanos. La ley en su básica concepción jurídica es el "precepto dictado por la autoridad competente, en el que se manda o prohíbe algo en consonancia con la justicia y para el bien de los gobernados". Una ley que viola un derecho fundamental no tiene nada que ver con la justicia, es una prueba de violación de los derechos humanos y de la inexistencia del estado de derecho, por lo que no debe tener efecto alguno y sus autores merecen proceso y sanción.

Si recordamos que infame es lo "muy malo y vil", lo que "carece de honra, crédito y estimación", encontraremos que precisamente de eso se trata el mecanismo de persecución y represión que los gobiernos no democráticos de las Américas han institucionalizado como parte de su "institucionalidad política" para controlar, intimidar, atemorizar, neutralizar, privar de libertad, confiscar y usurpar bienes, exiliar, asesinar la reputación, destrozar familias y en suma anular civil y políticamente a opositores políticos, líderes cívicos, empresarios, periodistas, indígenas, mujeres y hombres que consideren amenaza a su ejercicio dictatorial y su permanencia indefinida en el poder. Cuando es necesario usan lo mismo contra miembros del régimen con el fin de forzar lealtades, presentar un chivo expiatorio para encubrir los delitos del caudillo, castigar, purgar o deshacerse de personajes que ya no son útiles, que saben mucho o que representen amenaza interna.

Nada de esto es nuevo en la historia de la barbarie humana pre y anti democrática. Fueron leyes infames las leyes racistas y de exterminio en el régimen nazi; fueron justicias dictatoriales las de la inquisición, del fascismo italiano, del nazismo alemán, del estalinismo soviético…; fueron sentencias infames de "jueces competentes" que mandaron a la muerte a miles de inocentes en las dictaduras de Mao Tse Tung, Hitler, Stalin, Castro…... Lo que ha venido pasando y sucede ahora mismo en Venezuela, Ecuador, Bolivia y Nicaragua —los países del socialismo del siglo XXI— es que con el control total del poder legislativo han aprobado centenas de leyes infames; que con los jueces que cada dictador nombra, condiciona y somete, han construido y mandan sobre una justicia dictatorial; y que esos jueces, sus jueces, han emitido y preparan miles de sentencias infames sobre las que no existe mecanismo alguno de defensa.

Una "sentencia infame es aquella en cuyo trámite, texto o determinaciones se han violado lo derechos humanos" (presunción de inocencia, debido proceso legal, irretroactividad, garantías judiciales, igualdad de las partes, juez natural, etc.). Lo extraordinario de las sentencias infames del socialismo del siglo XXI es que pretenden que se les reconozca vigencia universal; los gobiernos que las producen reclaman su ejecución en países con democracia y usan esos fallos, e incluso las simples acusaciones o demandas, para perseguir a sus víctimas mas allá de las fronteras, reclamando la aplicación de convenios internacionales.

La justicia dictatorial y sus sentencias infames permiten que los dictadores se disfracen encubriendo sus crímenes como decisiones de la justicia: Raúl Castro en la visita del presidente Obama dijo que en Cuba no hay presos políticos, "dame la lista de los presos políticos y antes de la noche estarán sueltos…", porque los tiene como condenados por su justicia; Chávez y Maduro con miles de exilados por la persecución judicial y decenas de presos políticos, tienen como estandarte la sentencia contra Leopoldo López, sosteniendo que "no hay presos políticos sino políticos presos por delitos comunes"; Rafael Correa, en Ecuador, tiene sentencias con montos millonarios a su favor, ha forzado al exilio a políticos, periodistas y empresarios, además de los presos políticos que contabiliza como reos comunes; Evo Morales se presenta como acusador por los crímenes que cometió en octubre de 2003, amparado en una amnistía firmada por Carlos Mesa para él y sus cómplices, y ha hecho sentenciar con cárcel a los miembros el Alto Mando Militar de la Democracia, hoy presos políticos, y ahora ha mandado a preparar una sentencia de 30 años de cárcel contra el gobernador de Pando, que es su preso político desde hace años; Daniel Ortega en Nicaragua que con su justicia ha cambiado el mapa económico y político del país a su favor, se ha perpetuado indefinidamente en el poder, encubre sus crímenes, reprime y silencia al que quiere.

Todo lo anterior y más, sin olvidar que el sistema descrito y denunciado, es hoy el medio perfecto de "encubrimiento e impunidad" de los crímenes y corrupción, narcotráfico incluido, de los gobernantes del socialismo del siglo XXI, que siguen simulando democracia con su justicia dictatorial y las sentencias infames.

*04 de abril de 2016*

## La dictadura electoralizada de Nicaragua

*El modelo castrista del socialismo del siglo XXI reproduce este año en Nicaragua su sistema de simulación de democracia aplicado en Venezuela, Ecuador y Bolivia*

El modelo castrista del socialismo del siglo XXI reproduce este año en Nicaragua su sistema de simulación de democracia aplicado en Venezuela, Ecuador y Bolivia. El 6 de noviembre de 2016 el régimen de Daniel Ortega, con el título de elecciones, realizará la simulación de democracia para presidente, vicepresidente, diputados nacionales, departamentales y al Parlamento Centroamericano. Se trata de la misma ceremonia de fraude —con reelecciones criminosas— que mantiene en el poder al Hugo Chávez, Nicolás Maduro, Rafael Correa y Evo Morales, y que ahora prorrogará en el poder absoluto a Daniel Ortega en la dictadura "electoralizada" de Nicaragua.

Daniel Ortega, líder del Frente Sandinista de liberación Nacional (FSLN), es el ex guerrillero de formación castrista que gobernó Nicaragua de 1985 a 1990. Retornó al poder el año 2007con la influencia, favor e impulso de Hugo Chávez y Fidel Castro, como parte de la expansión del proyecto castrista que terminó denominándose socialismo del siglo XXI y que se construyó sobre el dinero y petróleo venezolanos, la política criminal con discurso anti imperialista de la dictadura cubana y el destrozo premeditado de la democracia en la región. Con discurso populista, con prebenda ilimitada proveniente del dinero aportado por Chávez y con la experiencia de haber perdido el poder, Ortega regresó al gobierno con la intención de no dejarlo nunca más.

Se trata del diseño de simulación de democracia concebido por el castrismo para tomar el poder por medio de elecciones, cambiar el sistema constitucional y legal, destruir la oposición y el sistema de partidos políticos, construir su propia legalidad que no es lícita ni legítima, controlar los medios de comunicación y la libertad de prensa, concentrar todo el poder en el jefe de estado haciendo desparecer la división e independencia de los órganos del poder público, liquidar el estado de derecho, apoderarse del sistema de justicia, controlar el sistema electoral y realizar elecciones amañadas, cuidándose de ganar siempre la elecciones por medio de un sistema de fraude institucionalizado, que les permita mostrar un respaldo popular en dimensiones inexistentes y reclamar falsamente la legitimidad electoral a nivel nacional e internacional.

No es la primera vez que Daniel Ortega usa este mecanismo, ya lo hizo para su reelección de noviembre de 2011, luego de la que con su control sobre los órganos Legislativo, Judicial y Electoral se ha autorizado su reelección indefinida. Lo mismo que hace ahora Ortega en Nicaragua, lo hizo Hugo Chávez en reiteradas votaciones en Venezuela e incluso, luego de su muerte el sistema operó para maniobrar la sucesión de Nicolás Maduro. Igual procedimiento usó Rafael Correa en Ecuador, que ahora frente a la tremenda crisis económica a la que ha llevado a su país, parece maniobrar para dejar el gobierno pero no el poder por medio de las elecciones convocadas para el próximo año. Similar mecanismo —ya conocido como la franquicia castrista del socialismo del siglo XXI— ha usado Evo Morales en Bolivia para permanecer mas de 10 años en el poder, y aún luego de perder el referéndum de reelección el pasado 21 de febrero, pretende insistir en la permanencia indefinida en el poder.

Daniel Ortega en Nicaragua, como sus socios y colegas de Venezuela, Ecuador y Bolivia, controla el poder legislativo que le hace todas las "leyes infames" que necesita o quiere, controla el poder judicial y ha convertido a fiscales jueces en el mecanismo de represión política contra opositores o personajes incómodos al régimen, controla el sistema electoral y lo manipula a su antojo, controla los medios de comunicación, lidera un gobierno cuyos parámetros de corrupción e impunidad están permanentemente denunciados, y goza de la fuerza política internacional suficiente construida en torno al castrismo para que los líderes de países democráticos simplemente "no molesten".

Si en Nicaragua se coteja la realidad con los elementos esenciales de la democracia establecidos en el Artículo 3 de la Carta Democrática Interamericana, se ve muy fácil y rápidamente que no se cumple ninguno, y que llegar a la situación de la Venezuela de hoy es solo cuestión de tiempo, tal como acontece con Ecuador y Bolivia. Para las elecciones de este año, Daniel Ortega simplemente ha liquidado a la oposición mediante maniobras de autoridades electorales y de justicia, de manera es el "candidato único", que con una manipulación planeada de la opinión pública triunfará en los fraudulentos comicios con mas de dos tercios del simulado apoyo popular. Ortega no tiene oposición en Nicaragua porque la ha hecho desaparecer y porque le ha quitado toda posibilidad de acción, financiamiento y difusión, porque —como dicen las voces populares— Ortega sería hoy el hombre mas rico de su país, que tiene bien amarrada a la burguesía local que ha transado por su sobrevivencia y favores.

Así las cosas, los defensores de la libertad, los derechos humanos y la democracia en Nicaragua no tienen siquiera posibilidad de ser escuchados y parecen condenados al silencio y la opresión hasta que —como en Venezuela, Ecuador y Bolivia— llegue la presión de la crisis económica política, de corrupción y de miseria, a las que irremediablemente conduce el modelo. La pena es mas grande cuando al parecer los países y gobiernos realmente democráticos se muestran vergonzosamente dispuestos a seguir tolerando la dictadura "electoralizada" de Nicaragua, como en los otros países controlados por el castrismo.

*18 de julio de 2016*

# Leopoldo López, el preso político
## más notable del castrismo

*Los presos políticos son un capital para los dictadores, pues con ellos la dictadura aumenta su capacidad de negociación interna e internacional. Basta recordar la forma y condiciones en que la dictadura cubana ha procedido para la liberación de presos políticos en los últimos 30 años*

Las dictaduras tienen presos políticos porque ese es su mecanismo intermedio para neutralizar a los opositores con liderazgo, atemorizar a la ciudadanía y acumular capacidad de negociación interna e internacional. Cuando un líder cívico, social o político es acusado por la dictadura, su detención, juzgamiento y condena son solo el ritual de criminalización de la política y utilización del sistema de justicia como aparato represivo. Se trata de una parte de la "metodología de control social" y mantenimiento del poder que el régimen cubano aplica desde hace 57 años y que ha extendido por América Latina en los países con gobiernos subordinados del socialismo del siglo XXI. El líder venezolano Leopoldo López, cautivo desde hace dos años, es hoy —entre cientos o miles— el preso político más notable del castrismo.

La historia y los hechos demuestran que los mecanismos de la dictadura castrista para la neutralización de los opositores van desde el uso de la infamia, la calumnia y todos los medios para el "asesinato de la reputación" de la víctima, su persecución y exilio, hasta los fusilamientos, los asesinatos, atentados, accidentes y las desapariciones que terminan con la vida del ciudadano al que el régimen ha declarado su enemigo. En este espectro criminal (documentado en decenas de libros, investigaciones y casos) los presos políticos son las víctimas del mecanismo intermedio, en el que no pierden la vida, pero sí su reputación, su libertad, sus capacidades, sus derechos políticos y ciudadanos.

Los hechos por los cuales son acusados quienes terminarán como presos políticos, son crímenes cometidos por el dictador o los miembros del Gobierno que los acusa, o simplemente acusaciones falsas. Se escenifica invariablemente la criminalización de las víctimas para encubrir los delitos y los atropellos de los victimarios. Cuanto más importante es el liderazgo del opositor, más graves serán las acusaciones y más espectacular la puesta en escena protagonizada personalmente por el dictador que se presenta como defensor de los derechos del pueblo frente a un contrarrevolucionario acusado casi siempre de agente del imperialismo.

El juicio o proceso judicial es solo el ritual para cumplir el "linchamiento". Los fiscales y jueces quedan convertidos en los "verdugos" de la dictadura, en los encargados de ejecutar una disposición, de darle forma legal, de hacer parecer legal lo injusto e ilegal. Es el sistema judicial de las dictaduras del socialismo del siglo XXI que en lugar de ser freno y contrapeso al poder, en lugar de velar por el respeto a los derechos humanos, por la presunción de inocencia, por el debido proceso legal, por la irretroactividad de la ley, por la imparcialidad, por la defensa de la libertad, queda transformado en el más eficiente medio de represión y de terror. Estos fiscales y jueces, cuando no se convierten en víctimas del propio sistema, son objeto de honores y mejoras —de pago— como hemos visto claramente en el caso de la juez que condenó a Leopoldo López en la Venezuela dictatorial.

Recluida la víctima, la dictadura ejecuta sus acciones de liquidación moral del ser humano mediante las penurias de la prisión, castigos, aislamientos, alimentación, enfermedad, el amedrentamiento, las presiones y humillaciones a la familia. Hay que leer y recordar "Contra toda esperanza", del preso político Armando Valladares, o revisar lo que todo el mundo ha podido observar en el caso venezolano gracias al valor en la denuncia y la lucha de un grupo de mujeres —víctimas también— como como las señoras Lilian Tintori, Mitzi Ledezma y muchas más.

Los presos políticos son un capital para los dictadores, pues con ellos la dictadura aumenta su capacidad de negociación interna e internacional. El castrismo ha demostrado como se usa la disminución de las penurias que les han impuesto, o su eventual liberación, como un medio de continuar su permanencia en el poder y de obtener acuerdos o retribuciones de alto contenido e importancia política. Basta recordar la forma y condiciones en que la dictadura cubana ha procedido para la liberación de presos políticos en los últimos 30 años. Y quien sabe que es lo que ahora negocia o espera, por la liberación de los presos políticos venezolanos que ya han llegado a ser una presión sobre las democracias de gobiernos tolerantes, distraídos o simplemente cómplices. Lo increíble es que la existencia de presos políticos parece terminar presionando a los países democráticos en beneficio de los dictadores.

Los presos políticos que existen hoy en América Latina son presos del castrismo, pues han sido hechos y permanecen bajo su metodología y dirección, en gobiernos de su entorno, sometidos a su subordinación. En Cuba existe una cantidad indeterminada de presos políticos, en Venezuela son decenas, en Bolivia dirigentes políticos y jefes militares sufren esta condición, en Ecuador pueden ser menos pero existen. Los presos políticos son una nota característica de las dictaduras. El socialismo del siglo XXI tiene como fundamento y líder indiscutible al castrismo. Por eso, es oportuno afirmar que Leopoldo López es el preso político más notable del castrismo, en un escenario en el que Nicolás Maduro tiene el vergonzoso papel de carcelero. Los líderes democráticos de la región y del mundo están llamados a verificar.

*22 de febrero de 2016*

# NARCOTRÁFICO Y CORRUPCIÓN DE LA AMÉRICA DICTATORIAL

## Alerta del Papa, aumento del narcotráfico y socialismo del siglo XXI

*La alerta papal aplica a todos los países de América Latina, hoy víctimas del incremento de la producción de coca y cocaína que los ha convertido en consumidores*

"Alertar el aumento en el consumo y la producción de drogas" ha sido el mensaje del papa Francisco, que poniendo como ejemplo su país natal Argentina, dijo que "hace 30 años era un país de tránsito y ahora es un país de consumo y hasta algo de producción". La alerta papal aplica a todos los países de América Latina, hoy víctimas del incremento de la producción de coca y cocaína que los ha convertido en consumidores. El problema radica en el incremento de la producción de droga con los gobiernos del socialismo del siglo XXI y está en directa relación con la política de la Venezuela de Hugo Chávez-Nicolás Maduro, el Ecuador de Rafael Correa, las FARC, el gobierno cocalero de Evo Morales en Bolivia y Cuba.

La CEPAL informó que "América Latina concentra la totalidad de producción global de hoja de coca, pasta base de cocaína y clorhidrato de cocaína del mundo". La ONU declaró que "los mayores productores de cocaína son Colombia, Bolivia y Perú" y que "tenemos un problema que es el de la producción y ello genera un problema del control de la cocaína en otros países". En Colombia, el Procurador General declaró que el proceso de paz con las FARC ha dado lugar al incremento de los cultivos coca que están alrededor de las 100.000 hectáreas (hoy se denuncia el doble) que producen cerca de 700 toneladas de cocaína al año. Bolivia tenía 3.000 hectáreas de cultivos de coca ilegal en 2003 cuando derrocaron al presidente Sánchez de Lozada y luego de 10 años de gobierno de Evo Morales, superan las 40.000 hectáreas. Perú ofrece una reducción sostenida de los cultivos de coca desde 2011, de acuerdo con informes de la ONU.

La Comisión Interamericana para el Control del Abuso de Drogas (CICAD) de la OEA describe como "cocaínas a tres sustancias o drogas que contienen el alcaloide cocaína, extraído de las hojas del arbusto de la coca y que son el clorhidrato de cocaína o simplemente cocaína, la pasta base y el crack. (…) La cocaína se esnifa, inhala o inyecta, la pasta base y el crack se fuman". Respecto al consumo, la Oficina de las Naciones Unidas contra las Drogas y el Crimen (UNODC) informa que "la prevalencia anual en el consumo de cocaína se reduce en Europa Occidental y Central y en América del Norte"; que en "América del Norte ha disminuido el número de consumidores abusivos de cocaína". La CICAD informa que la prevalencia en el consumo de droga de estudiantes secundarios en Chile es 3,6%, en Argentina es 2,7%, en Colombia 2,6%, en Brasil y Uruguay 2,2%, en Bolivia 2% mientras que en Estados Unidos es de 1,6%, sin estadísticas de Venezuela. La UNODOC informó que "en América del Sur la prevalencia del consumo de cocaína es la más elevada en la población adulta: Uruguay 2,1%, Brasil 1,75%, Chile 1,21,% y Argentina 0,73%". En general, señalan a Argentina y España como los países donde mas cocaína se consume en el mundo.

Respecto al tráfico, The Wall Street Journal publicó en 2015 "Venezuela, eje del trafico de drogas", en el que detalla "las investigaciones en contra de altos funcionarios y militares del Gobierno venezolano que estarían ayudando a traficar drogas a través de la frontera con Colombia". Los "narcosobrinos" del jefe de Estado de Venezuela han sido declarados "culpables de conspirar para traficar drogas a los Estados Unidos" por decisión unánime de un jurado en Nueva York. El senador boliviano Roger Pinto, en ejercicio de su mandato, denunció personalmente al jefe de Estado, Evo Morales, del tráfico de droga en aviones militares desde la zona cocalera de Chimoré, en Bolivia, a Venezuela, y fue perseguido y forzado a refugiarse por más de un año en la Embajada de Brasil, en La Paz, de donde salió por un operativo humanitario liderado por el diplomático brasilero Eduardo Saboia, y ahora es un exiliado político. El jefe de la oficina antinarcóticos de Evo Morales ha sido condenado en Estados Unidos por tráfico de drogas.

Colombia ha acusado y reclamado al Gobierno de Venezuela desde hace mas de 10 años por la protección que Hugo Chávez y Nicolás Maduro han otorgado a las FARC, hasta que el proceso de paz llevó al asesor jurídico de las FARC a reconocer que "Chávez ideó, Chávez impulsó, Chávez construyó" el proceso de paz, mientras la producción de cocaína crecía en Colombia y Venezuela se convertía en el "eje del trafico de drogas". Ante el bombardeo de Angostura sobre un campamento de las FARC en territorio ecuatoriano, Rafael Correa declaró que "los guerrilleros muertos fueron masacrados", pero el territorio ecuatoriano está señalado como "cocina de pasta base" y Esmeraldas, Manabí y Santa Elena como principales puntos de exportación de droga.

El discurso del socialismo del siglo XXI es fundamentalmente "antiimperialista" y anti lucha contra el narcotráfico. Evo Morales sostiene y Hugo Chávez lo declaró reiteradamente que el problema de la droga es "el consumo y que Estados Unidos es el principal consumidor" (dato que como hemos visto es falso). Venezuela, Bolivia y Ecuador han expulsado a los embajadores de Estados Unidos y a la DEA sindicándola de intervencionista. Ecuador ha sacado a los Estados Unidos de la Base de Manta de "operaciones contra el narcotráfico". Venezuela y Bolivia son señalados como narco estados.

La alerta del papa Francisco es cierta pero incompleta porque el meollo del narcotráfico en las Américas es el incremento de la producción y tráfico de cocaína producida como acción política del socialismo del siglo XXI, que ha inundado de droga a América Latina, con enriquecimiento ilícito, corrupción e impunidad, cobijada en la destrucción del "estado de derecho" y la "ausencia de división e independencia de los poderes públicos". Las dictaduras lideradas desde Cuba y con control de Venezuela, Bolivia, Ecuador y Nicaragua son responsables de la alerta papal y la observación de la realidad lo demuestra.

*04 de diciembre de 2016*

## Confesiones del narco jefe de Estado Evo Morales

*Para gobernar más de 10 años Morales ha liquidado la República, suplantado la Constitución Política y creado el estado plurinacional de Bolivia como parte del socialismo del siglo XXI; tiene presos y exiliados políticos, y ufana impunidad*

El periodo ordinario de sesiones de la Asamblea General de las Naciones Unidas (ONU) es el escenario donde una vez al año los jefes de estado o sus representantes realizan planteamientos políticos para darles alcance mundial. Sin importar que el estado sea democrático, autoritario, dictadura o teocracia, su representante tiene la oportunidad de decir lo que quiera y la historia refleja la presencia de dictadores, guerrilleros, líderes religiosos, políticos, académicos y desde luego, estadistas. Este año son notorias las afirmaciones con valor de confesión del jefe del estado plurinacional de Bolivia, que ha dejado clara su condición de promotor y defensor del narcotráfico. Evo Morales en la ONU ha consolidado la imagen del narco estado que ha construido y que dirige.

Evo Morales es el líder máximo y vitalicio de los sindicatos cocaleros del trópico desde los 90 y defiende con violencia la coca ilegal que es sustancia prohibida y controlada como materia prima indispensable del narcotráfico. La coca está sujeta a fiscalización y control por la Convención Única de 1961 sobre estupefacientes y por la Convención de la ONU contra el tráfico ilícito…. En su "lucha por la coca ilegal" Morales ha producido decenas de confrontaciones violentas y ha podido soslayar hasta ahora su responsabilidad en asesinatos y hechos criminales como los de los esposos Andrade y otros. Aprovechando la Ley de Participación Popular incursionó en la política y adquirió la sigla del partido Movimiento al Socialismo (MAS), una organización desgajada de la derechista Falange Socialista Boliviana (FSB).

Con el MAS como "instrumento político de los cocaleros", Morales llegó a diputado nacional cocalero. Apoyado por la dictadura castrista, por el dictador Gadafi de Libia que le daba premios en dinero, los aportes sindicales y con Hugo Chávez, empezó a recibir respaldo y dinero. Conspiró y ejecutó el derrocamiento del Presidente Sánchez de Lozada en 2003 con intervención extranjera y para encubrir sus crímenes se convirtió en acusador de sus víctimas a quienes persigue hasta ahora. Llegó al poder en Bolivia el 2006 y se mantiene como líder de los cocaleros que son su principal fuerza política. Morales se ha presentado como el primer indígena en la presidencia cuando en verdad es el "primer cocalero presidente". Los cocaleros integran ya el circuito de producción de cocaína, son dueños del poder político en Bolivia y su jefe, Evo Morales es el jefe del estado.

Para gobernar más de 10 años Morales ha liquidado la República, suplantado la Constitución Política y creado el estado plurinacional de Bolivia como parte del socialismo del siglo XXI; tiene presos y exiliados políticos, y ufana impunidad. Ha hecho desaparecer la democracia y lucha abiertamente por la legalización de la coca, buscando quitar a la coca de la lista de sustancias controladas y prohibidas. Cuando Morales tomó el poder Bolivia tenía 3.000 hectáreas de coca ilegal que hoy superan las 40.000 hectáreas, lo que produjo el geométrico incremento de droga con la que ha inundado Brasil y Argentina, abriendo ruta directa de narcotráfico con Venezuela y ahí al mundo e incluso vinculados al terrorismo islámico. Morales ha retenido por más de un año en la Embajada de Brasil en la Paz al senador boliviano Roger Pinto (hoy exiliado) por la información que éste le brindó sobre tráfico oficial de drogas entre Bolivia y Venezuela.

En su decidida narco-política, Evo Morales como jefe de estado se ha quitado todos los obstáculos y con discurso castrista ha expulsado a la DEA, a USAID, al embajador de los Estados Unidos de Bolivia. Tiene el control total de la lucha antinarcóticos y de la erradicación de la coca. El resultado de que el infractor se encargue del cumplimiento de la ley es bueno para Evo pero malo para Bolivia, pues investigadores y medios de comunicación internacionales califican a la Bolivia gobernada por Evo Morales como "narco Estado". En abril de este año en la Sesión Especial de la ONU sobre drogas UNGASS, Evo Morales afirmó que "la lucha contra el narcotráfico es un instrumento de opresión del imperialismo", que usan los Estados Unidos como "medio de control político", pidiendo además que la DEA sea desmantelada.

Si alguna duda quedaba sobre qué y a quién representa Evo Morales, en su intervención en el 71 Periodo Ordinario de Sesiones de la ONU ha hecho afirmaciones con valor de confesión diciendo: "en investigaciones realizadas ahora, se ha demostrado que la DEA instruía a la policía y militares para planificar asesinato a dirigentes"; acusó a la DEA de "hacer negocio con la droga que incautaba en Bolivia, la mitad del estupefaciente era para incinerar, pero el otro 50% se lo llevaba la DEA"; pidió la creación del "tribunal de los pueblos para juzgar al mandatario estadounidense Barack Obama por delitos de lesa humanidad"; defendiendo la narco dictadura de Venezuela dijo que "si la OEA no representa ni respeta la soberanía de sus estados miembros es mejor que deje de existir"; que "en Bolivia estamos mejor que antes…sin la DEA y sin las bases militares estadounidenses".

Si reparamos en que nunca existieron bases militares estadounidenses en Bolivia, que las acciones de la DEA en la lucha contra el narcotráfico llevaron a juicio a los sobrinos de la primera dama de Nicolás Maduro, que el jefe antinarcóticos de Evo Morales cumple condena por narcotráfico en Estados Unidos, que la economía ilícita produce aproximadamente 3.200 millones de dólares para el estado que Morales gobierna, que el informe Almagro ha puesto en evidencia la dictadura en Venezuela y amenaza la de Bolivia. Entonces podremos entender que Morales ¿se prepara respecto a la prueba que tiene la DEA contra él y su gobierno? En todo caso, no hay duda que en la ONU Evo Morales ha representado sus personales intereses vinculados al narcotráfico y no los del pueblo de Bolivia.

*25 de septiembre de 2016*

## El narcotráfico como eje
## de confrontación política regional

*El concepto de narcoestado, un término establecido "como defini-*
*ción para aquel territorio donde el narcotráfico es un actor políti-*
*co que le disputa el poder al Estado", parece haber avanzado con*
*las dictaduras del socialismo del siglo XXI en Venezuela y Bolivia*

De la mano del expansionismo castrista con dinero venezolano, el
siglo XXI en América Latina trajo consigo la división de la región en
países democráticos y no democráticos. El denominado socialismo
del siglo XXI —con bandera de izquierda y populismo— cambió la
estructura política de las Américas e instauró gobiernos de término
indefinido, caracterizados por la liquidación del estado de derecho, la
desaparición de la división e independencia de los órganos del poder
público, la violación de los derechos humanos, la manipulación y el
fraude electoral, y la pretensión de un sistema de partido único con
simulación de oposición. Ahora que el proyecto neo castrista está en
crisis, declina y ve próxima su terminación, se ve con claridad que
además de todos los daños a la libertad y la vida de los pueblos, ha
introducido al narcotráfico como eje de confrontación en la política
regional.

La actividad criminal del narcotráfico ganó notoriedad política
con las dictaduras militares del siglo pasado que en algunos países de
América Latina se vieron directamente comprometidas. Con el adve-
nimiento de la democracia el problema se hizo patente por el marcado propósito del narcotráfico de intervenir e influir en la actividad

política. Se acuñó el término "'narcoestado', que es un neologismo que se aplica a aquellos países cuyas instituciones políticas se encuentran influenciadas de manera importante por el narcotráfico, y cuyos dirigentes desempeñan simultáneamente cargos como funcionarios gubernamentales y miembros de las redes de tráfico de drogas narcóticas ilegales, amparados en sus potestades legales".

El concepto de narcoestado, un término establecido "como definición para aquel territorio donde el narcotráfico es un actor político que le disputa el poder al Estado", parece haber avanzado con las dictaduras del socialismo del siglo XXI en Venezuela y Bolivia, ya que en estos países el narcotráfico en lugar de disputar el poder al Estado, ha tomado control del Estado, ha modificado el Estado y lo maneja. En la década de los ochenta se trataba de que el narcotráfico quería infiltrarse en la política y en las instituciones del Estado, por eso financiaba, sobornaba, extorsionaba y amenazaba. En el siglo XXI se trata de que un grupo de gobiernos no democráticos sostiene, defiende, representa y eventualmente son el narcotráfico.

Nunca en el siglo pasado, ni en gobiernos dictatoriales militares ni en el marco de la guerra fría, se había visto un a jefe de estado en la Asamblea General de la Organización de Naciones Unidas (ONU) defendiendo el narcotráfico como lo hizo en el 71 periodo ordinario de sesiones el líder cocalero y jefe del estado plurinacional de Bolivia Evo Morales. Unos meses antes el mismo, Morales expresó en la reunión especial de la ONU que "la lucha contra el narcotráfico es un instrumento del imperialismo". De esta manera, el narcotráfico latinoamericano ha resultado políticamente representado, no solo en el control de países ya calificados como "narcoestados", sino en el seno mismo de la ONU. Este grupo de poder internacional ha dado al Estado del líder cocalero una representación en el Consejo de Seguridad.

La realidad muestra que con las FARC en Colombia, con el gobierno cocalero de Bolivia, con Hugo Chávez y Nicolás Maduro en

Venezuela, el narcotráfico de la coca ha tomado en el siglo XXI nuevas dimensiones de carácter estrictamente político, que sin el ejercicio del poder ilimitado en el modelo dictatorial, no hubieran sido nunca posible. Uno de los efectos devastadores que esta situación ha producido es convertir a los países de América Latina en importante mercado de consumo. Expertos han establecido que la coca del estado plurinacional de Evo Morales tiene como principales mercados a Brasil, Argentina, Chile y como línea de comercialización a Venezuela. En los hechos Evo Morales ha incrementado los cultivos de coca ilegal de sus sindicatos de 3.000 a más de 40.000 hectáreas.

El canciller de Brasil acaba de declarar que "Venezuela es cada vez más exportador de cocaína", situación reconocida por los gobiernos de América Latina, advertida por los de Europa y por los Estados Unidos, evidenciada con hechos como la detención de los sobrinos de la primera dama de Venezuela, que ahora son juzgados por narcotráfico en un tribunal de Nueva York; o por el escándalo de que el exjefe de inteligencia de Hugo Chávez (alias Pollo Carvajal) haya sido objeto de un "rescate de estado" por parte del gobierno venezolano de manos de la DEA, para luego ser convertido en asambleísta como una manera de darle impunidad. El jefe antinarcóticos de Evo Morales está condenado por narcotráfico, por un tribunal federal de Estados Unidos y cumple cárcel en la Florida. Además de las denuncias respecto al cartel de los soles y las implicaciones de altos mandos políticos y militares del gobierno venezolano, y las denuncias de prensa internacional respecto a la conexión de los "narcoestados" con el financiamiento del terrorismo de origen islámico.

El socialismo del siglo XXI ha convertido el narcotráfico de la coca en un motivo de confrontación política regional. No se trata del choque de izquierdas con derechas, es el de gobiernos de "narcoestados" contra gobiernos que tienen que proteger su juventud, su población, su seguridad ciudadana y su economía contra la arremetida de la droga. Cuando los líderes de los "narcoestados" aluden a los consumidores, ya no se refieren como hace 20 años a Estados Unidos y los países del primer mundo solamente, ahora se trata de Brasil, Argentina, Chile, México y los propios pueblos de los "narcoestados", cuya prevalencia en el consumo de droga registra índices alarmantes. Hoy el narcotráfico es un eje de confrontación política regional entre los "narcoestados" dictatoriales y las democracias.

*09 de octubre de 2016*

## La corrupción contra la democracia en la OEA

*Se ha desatado en la OEA y en toda la región una lucha entre la verdad y la impostura, entre la democracia y la corrupción. La verdad está liderada por Luis Almagro en su petición respecto al Gobierno de Venezuela donde se violan los derechos fundamentales, hay presos políticos, no hay estado de derecho, no hay división e independencia de los poderes públicos y más.*

*Se ha desatado en la OEA y en toda la región una lucha entre la verdad y la impostura, entre la democracia y la corrupción. La verdad está liderada por Luis Almagro en su petición respecto al Gobierno de Venezuela donde*

La activación de la Carta Democrática Interamericana solicitada por el Secretario General de la Organización de Estados Americanos (OEA) respecto a la situación de Venezuela, ha causado espanto en los gobiernos no democráticos del socialismo del siglo XXI que postergan cuanto pueden el tratamiento del asunto y que han tratado de usar la 46 Asamblea General en República Dominicana para mostrar que aún tienen la mayoría de votos para rechazar —con cualquier pretexto— la tan justificada como inesperada demanda de Luis Almagro.

La 46 Asamblea de la OEA ha sido el escenario previo al tratamiento de demanda Almagro respecto a Venezuela, haciendo de este asunto el más importante, demostrando que tanto las acciones políticas allí desplegadas y las que vienen, no dejan duda que se libra una confrontación entre la corrupción y la democracia.

El Gobierno cubano desde fuera y el venezolano desde dentro, creyeron que habían terminado con la OEA reduciéndola a un foro supeditado a su voluntad; estaban seguros que la creación de sus organismos para regionales había logrado desplazar la importancia política de la OEA; que el discurso anti imperialista había sido exitoso y suficiente para archivar y pisotear los principios de libertad, democracia y respeto a los derechos humanos que desde su creación en 1948 propugna, promueve y debe defender la OEA; que el control de la mayoría de votos vinculados al petróleo venezolano al Petrocaribe y su expansión en la región garantizaban todo lo descrito; que con esa mayoría podían poner y manipular al nuevo Secretario General como lo hicieron con el previo Insulza. En la agenda política internacional del castrismo la OEA volvería a servir para justificar, encubrir y sostener los atropellos cometidos por sus regímenes en Cuba, Venezuela, Ecuador, Bolivia y Nicaragua, con el disfraz de una institucionalidad democrática progresista.

Acontece todo lo contrario al "plan castrista para la OEA", pues el control se les va de las manos porque el nuevo Secretario General ha escogido el respeto a los principios, valores y obligaciones legales internacionales antes que la sumisión a la voluntad de las dictaduras detentadoras de la mayoría de votos. Ha preferido la verdad a la comodidad. La acción de Luis Almagro pidiendo la activación de la Carta Democrática Interamericana para Venezuela ha puesto en crisis al socialismo del siglo XXI porque tiene el valor de plantear lo evidente, lo correcto, lo que todo el mundo sabe, lo que la OEA tiene obligación de hacer aplicando sus propias normas. Las amenazas y la prepotencia de Nicolás Maduro y de sus colegas no democráticos no han sido suficientes para asustar a un hombre de izquierda pero no obsecuente, como acredita ser Luis Almagro, que ha puesto incluso su estabilidad y seguridad personales en riesgo frente al teóricamente omnipotente aparato implementado por Castro y Chávez.

Se ha desatado en la OEA y en toda la región una lucha entre la verdad y la impostura, entre la democracia y la corrupción. La verdad está liderada por Almagro en su petición respecto al Gobierno de Venezuela donde se violan los derechos fundamentales, hay presos políticos, no hay estado de derecho, no hay división e independencia de los poderes públicos y más.

La impostura es la estrategia diseñada y operada por el castrismo para mantener en Venezuela a un Gobierno títere que no solamente le sirve de fuente de subsistencia económica, sino que es que la base fundamental de su influencia internacional, que le da mucho poder y maniobra en los organismos internacionales desde Naciones Unidas hasta organismos especializados. De ahí que la lucha de hoy en la OEA no es entre venezolanos o respecto a Venezuela solamente, se trata de la sobrevivencia de la dictadura más antigua de la región y de sus satélites, se está librando una batalla por la democracia en las Américas.

La verdad está demostrada por hechos de conocimiento mundial respecto a la situación de Venezuela, está fundada en los principios universales y americanos que hacen a la soberanía de los pueblos que no puede ser sometida por gobiernos que se instalan a perpetuidad a costa de la opresión, la violación de derechos humanos y el hambre de sus ciudadanos. La verdad que se llama democracia, está arrinconada por las acciones de corrupción que producen los "votos de la vergüenza" que han demostrado ser 19 de los 34 en la última Asamblea General de la OEA, donde presuntamente aprobaron una resolución anunciada por la canciller de Nicolás Maduro para "evaluar al Secretario General" en el Consejo Permanente, en una clara acción de intimidación, como las que realizan todos días los regímenes en Cuba, Venezuela, Ecuador, Bolivia y Nicaragua. Si la resolución es cierta es una muestra de corrupción, una vergüenza, y si es falsa, prueba lo mismo por la manipulación.

Los 19 votos con que dice contar ahora en la OEA el régimen venezolano, representan la corrupción, porque pasan por encima de las obligaciones y principios asumidos por los estados y de lo mandado por sus pueblos. Son votos fundados en el interés económico de gobiernos interesados en seguir recibiendo prebendas petroleras y económicas del patrimonio venezolano administrado por Cuba. Representan el miedo a una crisis en el Caribe si el Gobierno cambia en Venezuela antes de fin año. Son en la mayoría de los casos arreglos de toma y daca por valores económicos, petro coimas?, y en otros casos son componendas por un poco de estabilidad, negocios o encubrimiento?. El mundo observará en los próximos días como vota la corrupción y como vota la democracia en la OEA. Aunque la corrupción tenga mas votos ya ha perdido porque está en evidencia, y el final es solo cuestión de tiempo.

*20 de junio de 2016*

# Socialismo del siglo XXI y narcotráfico en la ONU

*Los regímenes no democráticos declaran y promocionan el fraca-*
*so de la lucha antidrogas para remplazarla por la suya, construi-*
*da sobre la desaparición del estado de derecho*

La Sesión Especial de la Asamblea de las Naciones Unidas sobre Drogas reunida para revisar y mejorar las políticas sobre la materia, ha
sincerado la posición del socialismo del siglo XXI (SSXXI) por medio de Evo Morales, al realizar la defensa pura y dura del narcotráfico,
politizando y dando contenido ideológico a este crimen transnacional. Morales, líder máximo de los sindicatos de coca ilegal de Bolivia,
ejerciendo como jefe del estado plurinacional, ha denunciado que "la
lucha contra el narcotráfico es un instrumento de opresión del imperialismo", en notable apología y defensa narco en la ONU.

Evo Morales ha acusado a los Estados Unidos de usar la lucha
contra el narcotráfico como "medio de control político"; ha afirmado orgullosamente y reclamado el crédito de haber "nacionalizado y
regionalizado la lucha contra el narcotráfico"; ha dicho que ha "expulsado la base militar anti narcóticos de los EEUU en Bolivia", mintiendo porque nunca ha existido base militar norteamericana alguna
en territorio boliviano; se ha mostrado orgulloso y exitoso de haber
expulsado a la DEA de Bolivia; ha reclamado el crédito de haber "expulsado al embajador de Estados Unidos de Bolivia"; ha pedido que
para mejorar la lucha contra el narcotráfico se debe "disolver la DEA"
; y ha realizado afirmaciones que constituyen una muy oportuna confesión de la estrategia del SSXXI.

Los hechos evidencian que quienes han expulsado o forzado el retiro de la DEA y que también expulsaron a los embajadores norteamericanos son Chávez-Maduro en Venezuela y Correa en Ecuador, no solo Evo Morales; ha sido Correa en Ecuador quien ha cerrado y expulsado a los EEUU de la Base de Manta; ha sido Correa quien ha puesto en evidencia la protección que otorgaba a las FARC, con el bombardeo colombiano de Angostura; es desde Venezuela y Cuba donde las mismas FARC reconocidas como guerrilla vinculada al narcotráfico han recibido protección logística y política, hasta llegar a una mesa de negociación en Cuba; es pública y evidente la acción de las FARC en hechos de violencia como los de octubre de 2003 en Bolivia contra gobiernos democráticos dando apoyo terrorista a los hoy gobernantes. Lo dicho por Morales es expresión del vocero del SSXXI, ya que incluso antes de la Sesión en la ONU, los regímenes de Venezuela, Cuba, Ecuador y Bolivia demostraron con hechos que no adhieren a la lucha contra el narcotráfico.

Ha quedado claro que la estrategia anti imperialista de los gobiernos no democráticos de la región tiene fundamento ideológico de defensa del narcotráfico, lo que constatado con la realidad tiene todo el sentido y responde a la necesidad política de legitimar este crimen. Por ejemplo, desde el avenimiento del proyecto de Castro y Chávez, con Morales en el gobierno en Bolivia se han incrementado los cultivos de coca ilegal de 3.000 a más de 40.000 hectáreas que producen cerca de 3.000 100 millones de dólares anuales por narcotráfico para la economía del estado plurinacional y la corrupción; Venezuela es el principal centro de tráfico de la zona; Ecuador ha incrementado su condición de tráfico y no puede explicar casos oficiales como el de la "narco valija diplomática"; a Cuba le acaban de descubrir un embarque de aproximadamente 360 kilos de cocaína en Panamá; investigaciones de Univisión , Veja del Brasil, respetados expertos han afirmado que la Bolivia de Evo Morales y la Venezuela de Chávez y Maduro podrían considerarse "narco estados".

Más datos reales muestran que: el "jefe antinarcóticos" (equivale al jefe de la DEA) de Evo Morales está preso cumpliendo sentencia en el Estado de La Florida EEUU, por tráfico de drogas; los sobrinos de la primera dama Venezuela están presos y sometidos a juicio por narcotráfico en Nueva York; Nicolás Maduro y su Gobierno hacen cuestión de estado cuando alguno de sus miembros es detenido en el exterior por narcotráfico como el caso del "pollo Carvajal" hoy miembro oficialista de la Asamblea en Venezuela. En estos y otros casos más, la defensa de los gobiernos ha tenido siempre el argumento "anti imperialista".

El SSXXI quiere politizar el narcotráfico, volver el asunto un tema político y no criminal, porque si la lucha contra el narcotráfico es una acción imperialista la "nacionalización de la lucha contra el narcotráfico" resulta tarea revolucionaria. Lo que no dicen es que buscan —y lo han logrado— que con esa "nacionalización del narco" haya más coca, más droga, más narcotráfico, más negocio ilícito, que el consumo de droga se ha incrementado geométricamente, que han inundado de droga la región con especial efecto en Brasil y Argentina. Su enemistad declarada con la DEA nace del interés de que nadie controle, que sean los ratones los que cuiden el queso y la despensa, que el crimen tenga su propio mecanismo para manejarlo a su conveniencia. Están alegando soberanía para encubrir el delito?

Los regímenes no democráticos declaran y promocionan el fracaso de la lucha antidrogas para remplazarla por la suya, construida sobre la desaparición del estado de derecho, de la separación e independencia de los poderes públicos, el control de la justicia y la supresión de la libertad de prensa, que ejercen las dictaduras del SSXXI. La lucha contra el narcotráfico y la sanción de los responsables en producción, tráfico, lavado de dinero y activos, precursores, encubrimiento, sanción, quedarán de esta manera solamente como un acto más de la discrecionalidad del dictador… Por eso proclaman su antiimperialismo narco…. ¡mejor imposible!

*25 de abril de 2016*

## Lula: el ministro de la corrupción

*Corrupción en función pública, es la "práctica consistente en la utilización de las funciones públicas en provecho de sus gestores", es "el mal uso del poder para conseguir una ventaja ilegítima", y lo ilegítimo es algo ilegal*

Con confesado propósito de protegerlo de la justicia por delitos de corrupción, el expresidente de Brasil Ignacio Lula da Silva ha sido designado ministro por la presidenta Dilma Rousseff. Lula ha quedado convertido en el miembro más importante del equipo de Gobierno brasilero para tener "inmunidad", o sea para evitar la acción de la justicia. Se trata de un hecho sin precedentes en democracia porque vulnera el "estado de derecho", constituye un acto de "obstrucción de la justicia" por parte de la jefa del estado, son delitos de complicidad, encubrimiento, uso indebido de influencia y más, es una "confesión pública de culpabilidad". Hace de "Lula el ministro de la corrupción".

En un discurso de 1988 José Ignacio Lula da Silva —como dirigente de izquierda— dijo que "en el Brasil cuando un pobre roba va para la cárcel y cuando un rico roba lo nombran ministro". Lo que en ese momento parecía una acusación al sistema político al que Lula atacaba, podría ser el epitafio de un exdirigente sindical y ahora nuevo rico, y se ha convertido en una comunicación viral en las redes sociales para mostrar como el expresidente de Brasil, asistido por la actual presidenta, ha recurrido a la vergonzosa figura de incorporarse a la cabeza del gabinete, en el ministerio políticamente más importante para encubrirse. Esto deja las preguntas de quién manda? O quién encubre a quién?, y establece el objetivo principal del Gobierno de Rousseff garantizar la impunidad de Lula y su Gobierno ante el sistema de justicia.

Uno de los elementos esenciales de la democracia es la "división e independencia de los poderes públicos", de manera que cada órgano desarrolle su rol de acuerdo con sus competencias, cumpliendo con otro elemento esencial que es el "acceso y ejercicio del poder con sujeción al estado de derecho". La presidenta de Brasil ha terminado con esos dos pilares fundamentales de la democracia con el nombramiento de Lula al obstruir frontalmente la acción de la justicia en un acto deliberado, ubicándose con una disposición ejecutiva por encima de la ley. El nombramiento y posesión de Lula como ministro rompe el orden democrático, causa un grave daño institucional y pone fuera de la democracia y de ley a la presidenta, por su intención y acciones para evitar el esclarecimiento y sanción de hechos de corrupción por medio de más actos de corrupción. ¡Encubrimiento e impunidad de la corrupción con más corrupción!

Corrupción en función pública, es la "práctica consistente en la utilización de las funciones públicas en provecho de sus gestores", es "el mal uso del poder para conseguir una ventaja ilegítima", y lo ilegítimo es algo ilegal, falso, ilícito, o sea exactamente lo que Dilma Rousseff está haciendo para proteger a un acusado por corrupción. Lo extraordinario del caso que analizamos es que la acción presidencial de corrupción nombrando a Lula como ministro, ha sido pública, abierta, anunciada y defendida buscando legitimarla. Lo tremendo de la situación planteada es que no ha importado el pueblo, el estado, la justicia, la independencia de los poderes, la democracia, ni siquiera el ridículo al convertir en objetivo de Gobierno mantener impune a Lula, dejando la impresión de que con tan asombroso accionar se está protegiendo a sí misma.

La ruptura de la democracia y la institucionalidad en Brasil, todo este drama, se produce contra un pueblo víctima de una crisis económica cuyas causas apuntan a los gobiernos de Lula y Rousseff, con una inflación de más del 10%, con el desempleo en crecimiento, con una moneda que perdió el 32% de su valor en 2015, en la peor recesión económica de los últimos 25 años. La sociedad está conmocionada por escandalosos casos de corrupción que han puesto en la cárcel a empresarios, políticos y gestores demostrando que la corrupción fue una política de estado en los gobiernos del Partido de los Trabajadores (PT) liderado por Lula, de cuyos resultados los más perjudicados resultan siendo precisamente los trabajadores y los sectores populares a cuyo nombre ejercieron corruptela.

El índice de aprobación de la presidenta Rousseff no supera el 10%, el rechazo a su gestión está en torno al 80%. La confrontación que alientan Lula y Rousseff mandando militantes a las calles es un recurso erróneo frente a los cientos de miles o millones de brasileros que los repudian. La corrupción ha tomado nombres, apellidos y caras, hoy en Brasil la corrupción se llama y tiene cara de Lula-Rousseff, eso es muy malo para un país y terminal para un Gobierno.

Internacionalmente crece la expectativa de lo que puede descubrirse en Venezuela, Cuba, Ecuador, Bolivia, Nicaragua y Argentina donde los gobiernos de Chávez, Maduro, Castro, Correa, Morales, Ortega y los Kirchner, adjudicaron grandes obras por cientos y hasta miles de millones de dólares a empresas brasileras cuyos ejecutivos están en la cárcel, acusados de corrupción vinculados a Lula y al PT. Los sobreprecios, la ejecución de obras, los contratos sin licitaciones y la reiteración de esas empresas brasileras, hacen sospechar una red de corrupción transnacional. Será esta otra de las cuestiones que el ministerio de Lula trata de tapar. ¿Cuánto dinero de la corrupción se usó para terminar con las democracias en Venezuela, Ecuador, Bolivia y Nicaragua y cuanto tienen para sostener esos gobiernos?

La prensa libre y el valor de los pueblos ha puesto contra las cuerdas a la corrupción institucionalizada de lo que empezó siendo el "Foro de San Pablo" que conformó e impulsó el "socialismo del siglo XXI" y que ahora ha logrado su mayor éxito: posesionar a Lula como el Ministro de la Corrupción.

*21 de marzo de 2016*

## La cleptocracia transnacional
## llamada Socialismo del Siglo XXI

*Los casos conocidos de corrupción y la corruptela generalizada, denunciados y evidenciados en todos los gobiernos del Socialismo del Siglo XXI en América Latina, demuestran que los jefes de gobierno y sus entornos han hecho fortunas personales que tratan de encubrir con la liquidación de la prensa libre, la simulación, la represión y el lavado*

Los "gobiernos de delincuencia organizada" cuya denominación proviene de la Convención de las Naciones Unidas contra la delincuencia transnacional organizada, han institucionalizado en sus países sistemas de corrupción para cometer delitos cuyo encubrimiento e impunidad se garantiza con el control total del poder. Los casos conocidos de corrupción y la corruptela generalizada, denunciados y evidenciados en todos los gobiernos del Socialismo del Siglo XXI en América Latina, demuestran que los jefes de gobierno y sus entornos han hecho fortunas personales que tratan de encubrir con la liquidación de la prensa libre, la simulación, la represión y el lavado. El proyecto político que pretendió ser una revolución ha terminado como una cleptocracia llamada Socialismo del Siglo XXI.

Etimológicamente la palabra "cleptocracia" proviene del griego "clepto, robo y cracia, fuerza=el dominio de los ladrones". Se trata del "sistema de gobierno en el que prima el interés por el enriquecimiento propio a costa de los bienes públicos". Es el ejercicio del poder político fundado en la corrupción promovida y ejercida desde el jefe de estado, presidente o caudillo, con "sus derivados como el nepotismo, el clientelismo político y/o el peculado, de forma que estas acciones delictivas quedan impunes debido a que todos los sectores del poder están corruptos, desde la justicia, funcionarios de la ley y todo el sistema político y económico". Cometen todos los delitos tipificados en las leyes penales locales y en normas internacionales relativas al daño económico al estado por funcionarios públicos y entornos familiares y políticos que enriquecen.

Democracia y cleptocracia son antagónicos. En democracia la cleptocracia es imposible por las características mismas del sistema cuyos elementos son frenos y defensas contra el "dominio de los ladrones". Las barreras de la democracia para evitar la cleptocracia son entre otras: el respeto a los derechos y garantías fundamentales; la división e independencia de los poderes públicos; la vigencia del estado de derecho de manera que nadie pueda ponerse por encima de la ley; la alternancia en el poder mediante elecciones periódicas, limpias, voto universal y secreto; la obligación de los gobernantes a la rendición de cuentas; la existencia de prensa libre y libertad de expresión que sostienen una opinión pública no manipulada por el gobierno; la declaración y verificación de patrimonios de los funcionarios; en suma, los mecanismos institucionales basados en la libertad y la responsabilidad.

Las cleptocracias son dictaduras, regímenes de alta concentración del poder, cuya acción de gobierno se basa en la liquidación o simulación de la oposición política, el control de los jueces, de la opinión pública, la liquidación de la prensa libre, estatismo, centralismo, la restricción de libertades económicas, el sometimiento de la libre iniciativa, control de la actividad privada de la que se apropian progresivamente o la que se asocian dando lugar a la aparición de "burguesías cleptócratas". Su regla es "con el gobierno todo, sin el gobierno nada" y así las cleptocracias no tardan en llevar a la ruina las economías de sus países. La historia muestra que "las economías basadas en la extracción de materias primas [minerales y petróleo] son propensas a ser cleptócratas". El eslabón final de la cleptocracia es el "lavado de dinero" por medio de empresas u operaciones en su país y de cuentas, inversiones y desarrollos en el exterior.

Los conceptos precedentes pueden ser aplicados —con resultados obvios— a los casos denunciados, conocidos y en camino de impunidad de los gobiernos del Socialismo del Siglo XXI en Venezuela (Chávez y Maduro), Cuba (Castros), Bolivia (Morales), Ecuador (Correa), Nicaragua (Ortega) y los pasados de los Kirchner en Argentina y Lula en Brasil. La revisión de la prensa y de los casos de persecución política o de agresiones contra líderes cívicos, políticos, indígenas, sociales, universitarios y otros, muestran como en estos países con la "justicia de la cleptocracia" se hicieron presos, exiliados y víctimas; acreditan como con "los medios de comunicación de la cleptocracia" se asesinaron reputaciones y se liquidan figuras públicas de credibilidad creciente; como los "empresarios de la cleptocracia" se han esforzado por presentar éxitos económicos tan inexistentes como insostenibles; y como los pueblos son las víctimas de la crisis y del alto endeudamiento del estado saqueado por los cleptócratas.

Son demasiadas las denuncias y evidencias. En Venezuela para los que gobiernan desde 1999 tal vez lo más notable sea la corrupción con y en Petróleos de Venezuela PDVSA, o las compras de armamento, o las obras públicas con empresas brasileras. En Cuba, el país entero es testimonio de haber sido convertido en finca propiedad de los Castro y sus entornos. En Bolivia el caso del Fondo Indígena, el de la pareja de Evo Morales —con un hijo ahora desaparecido— convertida en empresaria con contratos por mas de 500 millones de dólares en consulta con asesores cubanos, el de obras públicas y compras con sobreprecios como los aviones chinos de la FAB, los atropellos a los indígenas del TIPNIS para hacer una carretera con empresa brasilera y ampliar los cultivos de coca ilegal. En Ecuador, el caso del comercio de petróleo denunciado en el libro "Ecuador made in China", el caso del "Gran Hermano" de contrataciones con empresas brasileras (otro libro), el de las confiscaciones de medios de comunicación que hoy maneja el gobierno, o el de los indígenas. En Nicaragua, denuncias similares y el señalamiento de empresario y nuevo rico a Daniel Ortega y su entorno, otra vez los chinos, la impotencia en la denuncia al extremo de haber producido el "retorno de los contra" como guerrilla. ¡Y de los Kirchner y Lula! Podría escribirse una enciclopedia con los casos que demuestran que es "cleptocracia transnacional llamada Socialismo del Siglo XXI"

*14 de marzo de 2016*

## Gobiernos de delincuencia organizada

*Los hechos llevan a constatar que el Gobierno de Nicolás Maduro*
*ejerce el poder como un grupo de delincuencia organizada*

Que Venezuela está gobernada por una dictadura es una realidad que ni el propio régimen del socialismo del siglo XXI puede desmentir, pero además, los acontecimientos recientes con la comisión de delitos desde el Gobierno, verifican que el grupo de poder delinque a título de actos de gobierno con el propósito de obtener beneficios directos en el ejercicio de una autoridad tan dañina como ilegítima. Los hechos llevan a constatar que el Gobierno de Nicolás Maduro ejerce el poder como un grupo de delincuencia organizada.

Un gobierno es el encargado de dirigir al país, de mandar con autoridad y de administrar un estado en busca del mejor interés y beneficio de sus ciudadanos. En democracia el gobierno está sometido a la vigencia de la ley, al estado de derecho, a la división e independencia de poderes, obligado al respeto a los derechos fundamentales. Los individuos que lo integran son servidores públicos, tienen periodos limitados y preestablecidos de gestión como administradores y gestores de los bienes y recursos públicos, con la ineludible obligación de rendir cuentas y de responder por sus actos. Está establecido y se espera que los gobernantes cumplan sus funciones respetando la ley y sin cometer delitos, pero la realidad enseña que existen regímenes en los cuales todos estos elementos de normalidad han sido reemplazados por una "organización criminal" o por un "grupo delictivo organizado".

La Convención de las Naciones Unidas contra la delincuencia organizada transnacional, en su artículo 2 inciso a, define "grupo delictivo organizado" como "un grupo estructurado de tres o más personas que exista durante cierto tiempo y que actúe concertadamente con el propósito de cometer uno o más delitos graves o delitos tipificados con arreglo a la presente Convención con miras a obtener, directa o indirectamente, un beneficio económico u otro beneficio de orden material". La misma Convención define "delito grave" como "la conducta que constituya un delito punible con una privación de libertad máxima de al menos cuatro años o con una pena más grave".

Si aplicamos los conceptos transcritos y otras definiciones de la Convención, como la de "grupo estructurado", a los gobiernos no democráticos de América Latina, a los gobernantes del socialismo del siglo XXI, a sus prácticas habituales de gestión, podremos constatar que existen países dirigidos y bajo el control de "grupos delictivos organizados". Que tienen agenda, procedimientos y acciones con los que luego de llegar a la jefatura del estado por medio de elecciones, han suplantado el orden legal, han terminado con la democracia, controlado todo el poder sometiendo a los demás órganos e incluso creado su propia legalidad. Peor aún, en su propio sistema legal, casi cada acto de gobierno equivale a una acción criminal, a un delito.

En Venezuela los gobiernos de Hugo Chávez y Nicolás Maduro, indican haber incurrido en casi todos los tipos del Código Penal de su país sancionado por el propio régimen el 20 de octubre de 2000. La enumeración de cuántos y qué delitos han cometido resulta un trabajo interminable, que puede cansar al lector, pero para sostener este análisis resultan suficientes recordar algunos: el sometimiento a poder extranjero respecto a la dictadura cubana y la entrega de bienes y recursos nacionales que están comprendidos como "delitos contra la independencia y la seguridad de la nación", la decisión que acaba de emitir la Tribunal Supremo de Justicia respecto a la Asamblea Nacional, que cae en el ámbito de "los delitos contra los poderes nacionales" agravados por el interés propio, para cometer y encubrir más crímenes; la organización o tolerancia de grupos armados irregulares, los "delitos contra las libertades políticas" como el cometido contra venezolanos que, como Leopoldo López, son presos políticos con acusaciones y denuncias falsas y procesos manipulados con condena pre establecida, como medio de represión política judicializada.

Cada ciudadano puede aportar su propio ejemplo o caso de acciones del gobierno que constituyen delitos contra la libertad individual, contra la propiedad, contra la libertad de trabajo, delitos de abuso de autoridad, de violencia, de ultraje, contra el honor, delitos de orden público cometidos por funcionarios en ejercicio de poder público, con agravantes, con premeditación, alevosía y ensañamiento. Y todo esto sin mencionar los delitos vinculados con el narcotráfico que ha llevado a medios de comunicación e investigadores internacionales a mencionar a la Venezuela de hoy como un narcoestado.

El inconveniente actual es que no existe la posibilidad real de investigar, acusar y sancionar a los autores en la justicia venezolana, porque ésta simplemente no existe, está reducida a la condición de una tecla más del aparato dictatorial del poder, es parte de los ilícitos. Sin embargo, tratándose de un "grupo delictivo organizado", que tiene bajo su control el poder ejecutivo, el poder judicial y otros órganos del estado, es importante poner a los miembros y beneficiarios de esta delincuencia organizada en la competencia internacional, en los parámetros y bajo los principios y definiciones de la Convención de las Naciones Unidas contra la delincuencia organizada transnacional, que sin duda los alcanza.

Esta tarea es extensible a los grupos delictivos organizados establecidos, como gobiernos en Cuba, Ecuador, Bolivia y Nicaragua, con casos similares o más graves en los que sus ciudadanos y víctimas tienen la palabra.

*7 de marzo de 2016*

## Tiempos de fraude y corrupción

*Se desarrolla en Bolivia el show de fraude y corrupción que pre-*
*para el escenario para manipular los resultados del referéndum*
*reeleccionista de Evo Morales, haciendo ganar al sí en contra de*
*más de dos tercios de los bolivianos que quieren que cese el régi-*
*men de corrupción y miedo que los oprime*

La ausencia de prensa libre, la liquidación de la división e independencia de los órganos del poder, la falta de frenos, balances y contrapesos en el ejercicio de la autoridad, la instrumentalización de la
justicia como mecanismo de represión, la desaparición de sistemas
idóneos de fiscalización y rendición de cuentas, en suma, las características de los gobiernos no democráticos del socialismo del siglo
XXI, han hecho que en los países bajo su control se viva en un ambiente político y social caracterizado por el engaño, la corrupción
y la impostura del gobierno. Los populistas de América Latina han
transformado lo que pudieron ser tiempos de crecimiento, progreso
y fortalecimiento en "tiempos de fraude y corrupción".

La característica de los regímenes que han concentrado todo el
poder en manos de su jefe de gobierno radica en haber convertido en
política de estado las acciones contrarias a la verdad y a la rectitud en
perjuicio de sus pueblos, de sus ciudadanos, de la gente a la que dicen
representar y a la que supuestamente pretenden favorecer. Se trata del
"fraude como política de estado", de la actividad y del manejo de los
asuntos públicos en beneficio propio y de un reducido grupo, con la
intención de mantenerse indefinidamente en el poder enriqueciendo

ilícitamente en el ejercicio del mismo. El primer engaño de la política de fraude es "disfrazar de interés general el interés y la ambición particular" y aprovecharse de la necesidad de los pueblos hasta llegar a someterlos.

¡Cometen fraude en la propuesta, fraude en la información, fraude en la administración, fraude en las elecciones, fraude en la toma y ejercicio del poder, fraude en los contratos, fraude para destruir la democracia, fraude en la justicia, fraude en la declaración de sus patrimonios, fraude en todo! Habría que revisar las gestiones de los Castro, Chávez, Maduro, Morales, Correa, Kirchner y Ortega para tratar de descubrir en que no cometieron o cometen fraude, porque la regla de sus actos públicos y privados es el fraude y fraude es corrupción.

En los países con democracia, con alternancia en el poder, con previsibilidad, con cumplimiento de la ley por vigencia del estado de derecho, con obligación de los gobernantes y servidores públicos de rendir cuentas, con igualdad entre los ciudadanos, con control entre los órganos del poder público, con presunción de inocencia, con prensa libre, con libertad de expresión, también hay fraude, pero el fraude y la corrupción son la excepción no la regla y los mecanismos y características de la democracia son los que permiten prevenirlos, detectarlos, exponerlos a la opinión pública, juzgarlos y sancionarlos como corresponda.

Cuando en democracia se señala un fraude quiere decir que el sistema funciona y que el esclarecimiento es posible y previsible. En cambio, cuando en dictadura se denuncia o simplemente se pone en evidencia el fraude, la señal del y para el gobierno es que el sistema está fallando porque el fraude y la corrupción son el fundamento, el elemento esencial del régimen, y entonces, tapan el fraude con más fraude y corrupción, lo que establece un "régimen de impunidad" que introduce en el manejo del estado "un sistema de crimen organizado".

Este círculo vicioso sólo cesa cuando se retira a ese tipo de Gobierno y se repone la libertad y el estado de derecho.

Así están las cosas y los cubanos, venezolanos, ecuatorianos, bolivianos y nicaragüenses las conocen y las sufren, como víctimas de los tiempos de fraude y corrupción en que les ha tocado vivir. Cada ciudadano de los países sin democracia afectados por los gobiernos perpetuos es un testigo, los perseguidos, presos y exiliados políticos, los periodistas, empresarios y líderes sociales son testimonio. El estado de derecho y la democracia en tiempos de fraude y corrupción han sido sustituidos por la inseguridad y el miedo, como acaba de suceder en Venezuela donde la dictadura por medio de su Tribunal Supremo de Justicia acaba de imponer —con fraude y corrupción— medidas que no sólo violan el poder y atribuciones de la Asamblea Nacional, sino que condenan a los venezolanos a más hambre y miseria.

En este ambiente se desarrolla en Bolivia el show de fraude y corrupción que prepara el escenario para manipular los resultados del referéndum reeleccionista de Evo Morales, haciendo ganar al sí en contra de más de dos tercios de los bolivianos que quieren que cese el régimen de corrupción y miedo que los oprime. El fraude electoral que viene para el 21F en Bolivia es sólo un acto más de las acciones normales de una dictadura, que no se retrocede ni se inmuta incluso con el "zapatazo de la corrupción" que ha atrapado a Evo Morales en el lecho de millones de dólares y contratos chinos. Frente a la evidencia de fraude y corrupción, más mentira, más fraude y más corrupción es la regla transnacional exitosamente aplicada por el régimen castrista por 57 años y que parece funcionar en sus dominios.

Pero el fraude tiene un límite. Lo demostró Venezuela que luego de sufrir fraude en sucesivas elecciones y por muchos años, derrotó electoralmente a la dictadura el 6D. Lo demostró Argentina que retiró del gobierno al régimen Kirchner y ahora lo está sacando del poder. El final de los tiempos de fraude y corrupción está muy cerca porque están en evidencia. No tardará la Asamblea Nacional de Venezuela en restituir la democracia en su país y el pueblo boliviano en demostrarle al dictador cocalero que los tiempos de fraude y corrupción se acaban porque "no se es impunemente poderoso".

*15 de febrero de 2016*